100억짜리 부자 수업

100억짜리 부자 수업

초판 1쇄 발행 2008년 9월 12일
초판 2쇄 발행 2013년 5월 30일

지은이_ 류우홍
펴낸이_ 전익균

이사_ 송영욱, 임상현
기획_ 조원기
마케팅_ 오정민, 김태욱 경영지원_ 최예란
디자인_ 김희숙 교정, 교열_ 이미순

찍은곳_ 예림인쇄 출력_ 한국커뮤니케이션 제본_ 바다제책

펴낸곳_ (주)새빛에듀넷
주소_ 서울 강남구 역삼동 723-28 영빌딩 1, 2층
전화_ 02-3442-4393~4 팩스_ 02-3442-6771
e-mail _ svinvest@hanmail.net 홈페이지 _ www.assetclass.co.kr
등록번호_ 제16-4043호 등록일자_ 2006. 11. 28

값 10,000원

ISBN 978-89-92873-26-0 (03320)

가난한 시골 소년이  100억대 부자가 되기까지!

100억짜리 부자 수업

류우홍 지음

도서출판 새빛
SAEVIT

삶이 힘든 이들에게 부자가 되는 출발점이 되기를 바라며

까까머리에 시커먼 교복을 입고, 머리에 맞지 않는 큼직한 모자를 쓰고, 중학교에 입학하던 내 모습이 생각난다. 그때는 친구들과 가방을 둘러메고 장난치며 십오 리나 되는 등하굣길을 걸었다. 배가 고프면 숲속에 널린 열매나 과수원의 과일을 간식으로 먹었다.

당시는 몹시 살기가 어려울 때였다. 들에서 일하고 있을 때 도회지 친구들이 놀러오면 나는 논두렁 밑으로 급히 숨었다. 농사짓는 모습이 창피했기 때문이다. 그래도 여학생들에게는 잘 보이려고 그 앞에선 뭐든 열심히 했던 것 같다.

학비 한 번 제대로 내기 어려운 때였지만, 그 시절이야말로 내 삶에서 가장 행복한 순간이었다. 친구들과 아무 조건 없이 어울리고 순수한 마음으로 경쟁하며 서로가 잘 되기를 진심으로 바랐다. 그 순수함을 지금도 그대로 간직하고 있으면 얼마나 좋을까.

나는 촌놈으로 태어나 촌놈으로 사는 것에 만족하고 자랑스럽다. 나는 촌에서 모내기를 하고 벼 베기를 하며 자랐다. 참깨에 붙어 있는 푸른 벌레를 누구보다 잘 잡았고, 나무에 올라 밤과 감을 열심히 땄다. 그리고 보리타작으로 온몸에 보리 가시가 붙어 있어도 잠시 쉬면서 앵두를 따먹으며 행복해 하던 그런 촌놈이다. 그래서 그런지 물질적으로 풍요로운 지금보다 부족하나마 걱정 없이 마음껏 뛰놀던 어린 시절이 더 행복했던 것 같다.

이 책을 쓰다 보니 지난 추억들이 하나씩 떠오른다. 스스로 창피해서 얼굴이 붉어지는 일, 너무 즐거워 웃음이 저절로 나오는 일, 후회스런 일 등 정말 많은 일이 있었다는 것을 새삼 느낀다. 또한 그동안 내가 정말 열심히 살았다는 생각도 든다.

어느덧 세월은 무심히 흘러 중년에 접어들고 보니 과거에 잘못한 것이 하나 둘 자꾸 생각난다. 한참 돈을 벌기 위해, 아니 돈에 목숨을 걸었다고 해도 과언이 아닌 시기에 주변을 헤아리지 못하고 나만 잘 살겠다고 앞만 보고 뛰어온 때가 있었다. 그때를 생각하면 정말 쥐구멍이라도 들어가고 싶다. 그때 주변을 헤아리지 못한 것이 정말 후회스럽다. 하지만 남은 인생은 주변을 잘 아우르는 좋은 이웃으로 친구로 형제로 살 것이며, 여유로운 마음으로 넉넉한 인심을 나누어 주고 욕심 없이 살아가도록 마음을 다잡아 본다.

누구나에게 힘든 시절이 있다. 심지어 죽고 싶을 정도로 힘겨운 순간도 있다. 하지만 열심히 살다 보면 좋은 날이 온다는 말이 맞는 것 같다. 사람에 따라서는 가난했던 어린 시절을 생각조차 하기 싫다고 말한다. 하지만 그렇게 가난이 싫다면, 그 가난을 이겨내기 위해 모든 노력을 했어야 한다. 그랬다면 지금은 오히려 가난한 시절이 그립고 고마울 것이다.

그저 무작정 열심히 살기보다는 현명하게 더 빠른 길을 찾아야 한다. 필요하다면 남들의 도움을 받아 더 큰 효과를 보기 위한 노력도 필요하다.

내가 만약 그런 것을 부모님이나 선후배 혹은 책을 통해서라도 배울 수 있었다면, 빙 둘러서 깨닫게 되는 우는 범하지 않았을 것 같다. 그래서 많은 시행착오를 온몸으로 겪어온 내가 '부자의 길'을 걷고자 하는 이들을 위해, 나의 실수와 성공의 경험을 알려드리고자 이 책을 쓰게 되었다.

이 글이 지금 힘들고 어려운 사람들에게 희망과 해결방안이 되기를, 부모에게는 자녀들에 대한 교육의 자료가 되기를 희망한다.

류우홍

100억짜리 부자 수업

CONTENTS

Part 2 사회생활을 어떻게 할 것인가?

Part 3 100억대 부자들, 그들은 어떻게 돈을 벌었을까?

Part 4 부자가 된 당신은 어떻게 살 것인가?

학창시절은 돈을 버는 때가 아니라 미래를 준비하는 때다. 그렇다고 공부에만 매달리는 것은 미래를 제대로 준비하는 것이 아니다. 막상 사회에 나오면 하기 쉽지 않은 것들을 학창시절에 해야 한다. 장차 인생을 같이 엮어갈 친구를 만들어 두어야 하고, 운동과 예술활동에도 관심을 가져야 한다. 또한 놀이와 휴식을 통해 여유를 가져야 하고, 여행을 통해 더 넓은 세상을 보는 마음도 길러야 한다.

Part 1

학창시절을 어떻게 보낼 것인가?

01 친구의 수만큼 기회도 늘어난다

02 열심히 공부하기보다 효율적으로 공부하라

03 운동과 예술활동에도 충분한 시간을 투자하라

04 학창시절에는 아르바이트보다 미래를 위해 준비하라

05 역발상의 아이디어는 휴식에서 나온다

06 여행은 더 큰 세상을 보여준다

07 매달 1억 원씩 쓰게 하는 부자교육법

08 대학이 목표인가, 부자로 사는 게 목표인가

09 닭과 오리를 사서 재테크를 시작하다

10 시험보다 사회에서 필요한 공부를 해야 한다

모든 것은 젊었을 때 구해야 한다. 젊음은 그 자체가 하나의 빛이다.
빛이 흐려지기 전에 열심히 구해야 한다.
젊은 시절에 열심히 찾고 구한 사람은 늙어서 풍성하다.
– 괴테

chapter ...01

친구의 수만큼 기회도 늘어난다

어느 날 고등학교 동창에게서 연락이 왔다. 다른 동창생 아버님이 돌아가셨는데, 문상을 대신 다녀와달라는 것이었다. 당시 출장으로 외국에 나가 있던 그 친구는 상주에게 조의금을 전달하고 사정을 잘 설명해서 오해가 없게 해달라고 부탁했다. 그 말을 듣고는, 외국출장 중인 사람이 이렇게 조문을 챙겨야 할 정도로 둘이 친했었나 하는 생각이 들었다.

그런데 상갓집을 찾았다가 정말 깜짝 놀랐다. 마치 동창회를 연 것처럼 고등학교 친구들이 빼곡히 모여 있었던 것이다. 자리에 앉아 친구들과 이야기를 나누다가 비로소 동창생들이 왜 이렇게 많이 찾아왔는지를 알 수 있었고, 그 친구의 인간관계에 감동을 받았다.

내가 나온 고등학교는 한 학년에 720명이 12개 반으로 편성되어 있었다. 1학년 때까지는 이과, 문과의 구분이 없지만, 2학년 때부터 이과 5개 반, 문과 7개 반으로 나뉘었다. 이과와 문과로 나뉘면 공부하는 공간이 다르기 때문에 같은 학교를 다녀도 서로 잘 모른다.

그런데 이 친구는 점심을 먹을 때면 문과, 이과 따지지 않고 여러 반으로 가서 먹었다고 한다. 가능한 한 많은 친구를 사귀기 위한 방법이었다. 그렇게 2년 동안 12개 반을 돌면서 친구들을 많이 알게 되었다고 한다. 그러다 보니 친구들끼리 만든 각종 모임에도 참여하게 되었고, 친밀감은 더욱 깊어졌다.

나중에 사회생활을 하게 되자, 친구들 중에는 의사도 나오고 법무사, 건축사, 세무사도 나왔다.

어느 날 의사인 친구가 '도시락 친구'에게 연락한다. "잘 아는 세무사 없니? 잘못해서 세금을 많이 내게 되었어!" 또 어느 날은 법무사인 동창에게서 전화를 받는다. "잘 아는 의사 없니? 어머니가 수술을 받아야 하는데 너무 오래 기다려야 된데."

동창이지만 이과와 문과의 벽 때문에 서로 잘 모르던 차에, 이 친구가 다리 역할을 맡게 된 것이다. 이 친구는 동창생들의 문제를 해결해 주고 서로 도울 수 있도록 연결해 주었다. 그러다 보니 무슨 일이든 이 친구를 통하면 해결되지 않는 일이 없다고 알려졌고, 시간이 갈수록 친구도 늘어났다.

현재 이 친구는 건설업을 하고 있다. 그동안 몇 번의 쓰라린 실패가 있었지만, 동창생들의 도움과 배려로 새로운 일자리를 찾았거나 새로운 아이템으로 사업을 지속할 수 있었다. 비록 크게 성공했다고 할 수는 없지만, 동창생들이 없었다면 재기하지 못할 정도로 어려웠을 것이라고 한다. 그러고 보면 이 친구의 고등학교 시절, 점심시간을 활용했던 '도시락 외교'가 지금의 그를 만든 것 같다.

학창시절 친구와 사회생활 친구는 깊이가 다르다

요새 학생들을 보면 공부만 잘하면 최고이고, 유명한 대학에 입학하는 것이 자신의 미래를 보장해 주는 길이라 생각하는 경향이 있다. 친구를 사귀는 것보다는 경쟁에서 승리하는 것이 더 중요하다고 여기는 것이다. 그래서 그런지 친구에게 필기한 노트도 잘 빌려주지 않고, 수업시간에 옆 친구가 자도 깨워주려고 하지 않는다. 하지만 과연 이런 식으로 경쟁에서 이기고 승리하는 것이 최선의 방법일까?

성공한 사람들을 보면 반드시 공부를 잘한 것은 아니라는 것을 알 수 있다. 대통령, 국무총리, 장관, 기업체 회장 등 사회에서 성공했다고 하는 직위에 있는 사람들이 모두 학창시절에 공부를 잘했던 것은 아니다. 모두가 꼭 좋은 대학을 나온 것도 아니다. 우리나라만 해도 대학 졸업장이 없는 대통령이 많다.

성공하기 위해서는 자신을 믿고 따라주며 밀어주는 사람들이 많아야 한다. 여기에 절대적으로 필요한 것이 친구들이다. 서로 믿고 적극적으로 지원해 줄 수 있는 사이는 하루아침에 만들어지지 않는다.

학창시절에는 친구를 아무 조건 없이 사귀게 되고, 그런 친구들이 오래도록 서로 도움을 주며 이끌어 줄 수 있는 사이로 남는 것이다. 이처럼 친구들이 주변에 많은 사람의 사회생활은 친구가 없는 사람과 확연히 다르다.

우리 사회는 누가 뭐래도 아직 학연, 지연, 혈연 등 인맥으로 일이 진행되는 경우가 많다. 이런 사회에서 단순한 친분관계를 넘어선 '친구' 는 나를 좀 더 적극적으로 도와주어서 내가 원하는 바를 보다 빨리 성취하도록 만들어 줄 수 있다.

Check Point

학창시절 친구는 사회에서 지위가 높든 낮든, 돈이 있든 없든, 성공했든 그렇지 않든, 언제 어디서나 반갑게 만날 수 있다. 사회에서 새로운 사람을 사귀기가 얼마나 힘든가? 그리고 서로 믿을 수 있는 사람이 얼마나 되는가? 학창시절 친구는 순수한 마음에 신뢰를 쌓을 수 있으니, 이 시절에 친구를 많이 사귀는 것은 공부를 잘 하는 것만큼이나 중요하다.

chapter ...02

열심히 공부하기보다 효율적으로 공부하라

내가 태어난 곳은 충청북도 옥천군 군북면 대정리다. 산골 중에서도 산골로 정말 하늘만 보이는 첩첩산중이다. 버스도 하루에 세 번만 다녔다. 당시만 해도 먹고사는 일이 학교 다니는 것보다 더 중요했다. 그러니 5남 1녀의 막내인 나로서는 중학교로 진학하기가 힘들었다. 다만 공부를 조금 하는 것 같으니 계속 시켜보라는 초등학교 담임선생님의 권유로 인해 간신히 다닐 수 있었다.

그런 형편이다 보니 학교가 파하기 무섭게 돌아와 집안일을 도와야 했다. 매일 소죽을 쑤어 먹였고, 주말이면 시험이 코앞이라 해도 무조건 산에 올라 나무를 하거나 풀을 베어와서 소와 돼지를 먹여야 했다. 모내기철이나 벼 베기가 한창일 때는 학교에 빠지기 일쑤였다.

그러면서도 나는 학교 성적이 좋았다. 사실 공부는 단순히 머리로 하는 것이 아니다. 타고난 머리에 의존하기보다는 공부방법을 터득하여 공부를 잘한 사람은 장차 사회에서도 우등생이 될 수 있다.

"학교 우등생이 반드시 사회 우등생이 되는 것은 아니다."라는 말은 머리만 좋아서 우등생이 되는 사람에게 해당한다. 반면 머리는 그다지 좋지 않아도 공부법을 연구해서 우등생이 되었다면, 사회에서도 재테크 방법을 잘 연구하여 충분히 우등생이 될 수 있다.

나는 고등학교를 졸업하면서 바로 대학에 가지 못했다. 성적은 좋았지만 가정형편이 넉넉하지 않았기 때문이다. 그래도 어떻게든 대학에 진학하려고 졸업 후 이런저런 일을 했다. 몇 년 후 마침내 돈이 모여 대입시험을 보려고 했더니, 시험기간이 두 달도 채 남지 않았다. 그때부터라도 입시공부를 시작해야 했다. 시간은 많지 않았지만 자신이 있었다. 나만의 공부방법이 있었기 때문이다.

우선 구석에 처박아 두었던 고등학교 교과서와 참고서를 꺼내들었다. 책을 펼치면 각 페이지의 여백에 파란색과 빨간색으로 요약이 되어 있고, 중요한 부분에는 밑줄이 그어져 있었다. 나는 책을 전부 읽는 대신, 파란색 글씨를 한 번 읽고, 빨간색 글씨를 두 번 읽고, 줄친 곳을 한 번 읽었다. 만약 한 장을 읽는 데 5분이 걸린다면 이처럼 읽는 데는 1분이면 충분하다.

한 달 정도 지나자 책과 교과서를 두세 번 독파하게 되었다. 중요하다고 생각되는 부분은 대여섯 번 독파하니, 졸업한 지 수 년이 지났어도 생생히 기억할 수 있게 되었다. 특히 수업시간에 선생님께서 하신 유머, 특징 있던 부분, 강조하였던 부분은 지금도 기억할 정도로 생생하다.

난 무사히 대학에 들어갈 수 있었고, 대학에서도 내 공부스타일은 남달랐다. 시험이 시작되면 학생들은 모두 기숙사와 도서관에서 밤을 새우다시피 했다. 하지만 나는 주말이면 어김없이 배낭을 메고 산으로 여행을 떠났다. 친구들이 그런 나를 보고 정신 나갔다고 생각하는 건 당연했다. 그러나 시험 성적이 늘 좋다 보니 어떻게 공부하는지 궁금해 했다.

비결은 간단하다. 수업시간에 집중하는 것이다. 그리고 교수님이 강조한 부분과 중요한 내용을 책 여백에 기록해 둔다. 정해진 시간에 많은 공부를 해야 하는 학생 입장에서 책을 처음부터 끝까지 다 읽는다는 것은 정말 시간낭비다.

책을 읽으면서 조사며 설명문까지 다 읽는 것은 사실상 공부에 별 도움이 되지 않는다. 그래서 먼저, 그 페이지에서 반드시 알아두어야 하거나 중요한 부분에 대해 교수님이 설명한 내용과 기출 시험문제 유형을 분석한다. 그리고 중요한 것은 파란색, 아주 중요한 것은 빨간색으로 책 여백에 기록해 두면, 시험 때 적은 시간만 투자해도 좋은 성적을 거둘 수 있다.

Check Point

재테크를 잘 하는 것도 공부를 효율적으로 하는 것과 같은 관점에서 볼 수 있다. 전망이 있는 주식이나 부동산에 대해서는 매일 변동상황을 분석하여 투자 여부를 결정해야 한다.

유망한 주식이라면 하루에도 여러 차례 흐름을 지켜보아야 한다. 그렇지 않고 모든 주식이나 부동산, 채권에 대해 관심을 가진다면, 정작 중요한 때 투자시점을 놓치게 될지도 모른다. 공부에서 중요한 부분을 공략하듯, 재테크도 중요한 곳을 파고들어야 하는 것이다.

chapter ... 03

운동과 예술활동에도 충분한 시간을 투자하라

내가 아는 한 보험설계사는 이력과 보험 영업방법이 아주 독특하다. 원래 이 사람은 중소도시에서 대학을 나왔고 경영학을 전공했는데, 막상 취업하려고 하니 마음에 드는 직장을 잡을 수가 없어 몇 년을 허송세월로 보냈다. 집에서 지내는 시간이 많아지자, 무료함을 달래려고 어릴 적 배웠던 바이올린을 다시 꺼내 들었다. 내친김에 바이올린 동아리에도 가입했다.

그러다 문득 좋은 아이디어가 떠올랐다. 바이올린 연주를 업무에 이용하는 것이다. 그동안 자신을 백수라고 소개하면 젊은 친구가 빈둥거린다는 차가운 눈초리만 받아왔다. 하지만 공연장에서 연미복을 입고 바이올린을 연주하면, 사람들이 자신을 상당히 높이 평가해 주었다. 그는 이것을 활용해 '아티스트가 하는 보험영업'이라는 차

별화된 보험영업을 하기로 했다.

이 친구는 사람들에게 보험을 들라고 하지 않는 대신 연주회를 열었다. 서울에서 일정한 지역을 잡아 무료초대권을 돌리고 연주회 포스터를 붙여 자신의 연주회를 홍보했다.

그러자 사람이 많이 모여들기 시작했다. 처음에는 별 반응이 없었던 지역도 매달 한 번씩 정기적으로 무료연주회를 개최하였고, 수개월이 지나자 동네 사모님들에게 꽤 유명하고 존경받는 아티스트로 자리매김하게 되었다. 연주회 비용은 행사장소를 빌리는 대여료 외에는 크게 들지 않았다.

반년이 채 지나지 않아 결과가 나타나기 시작했다. 무료연주회에 온 사모님들이 미안한 마음에 이 아티스트에게 뭔가 도움을 주고 싶어 했던 것이다. 그때 그는 사모님과 가족의 노후생활 및 위험보장을 위한 보험 가입을 권유했고, 많은 사람이 고객으로 등록하게 되었다.

고객들은 이 아티스트를 보험영업인이 아닌 순수한 아마추어 예술가로 보았다. 또한 보험가입으로 아티스트가 받는 수당이 예술에 쓰일 것이라는 생각에 부담 없이 도와주고 있다. 이 친구는 지금도 종종 음악에 대해 얘기하면서 고객들과 좋은 관계를 유지하고 있다. 어릴 적에 익혀 둔 바이올린 연주 실력이 어른이 되어 자신의 직업과 연계되어 성공의 밑거름이 된 것이다.

장작 패는 기술로 골프를 치다

부모들은 아이들이 공부만 잘하면 최고라고 생각한다. 그러나 공부를 잘해서 성공할 확률보다는, 운동이나 예술을 통해 직장생활이나 인간관계에서 성공할 확률이 훨씬 높다는 것을 알아야 한다. 따라서 학창시절에 공부도 좋지만, 악기 연주나 운동 한두 가지를 익혀두는 것도 중요하다. 어른이 되어 사람들과 친하게 지내며 성공할 수 있는 계기가 되기 때문이다.

나는 나이가 들어가는 지금 참으로 아쉬운 것이 있는데, 바로 예술에 대한 무지에서 오는 소외감이다. 만약 내가 노래를 잘하고, 춤도 잘 추고, 어떤 악기라도 하나 연주할 수 있다면, 모임에서 무엇이든 멋지게 해낼 수 있었을 것이다. 그러면 사람들에게서 "일만 잘하는 줄 알았는데, 멋진 사람이야."라는 찬사를 듣고 인간관계나 사회생활에 큰 도움이 되었을 텐데, 너무나 아쉽다.

이런 필요를 느끼고 한번 마음먹고 노력해 보기도 했지만, 예술이나 운동은 하루아침에 이루어지는 것이 아니기에 생각처럼 잘 되지 않았다. 그저 지나간 학창시절에 이런 부분을 놓친 것이 원통할 따름이다.

그러나 나도 필살기가 하나 있는데 바로 골프다. 초등학교 3학년 때부터 골프를 잘 치는 무술(?)을 연마한 결과다. 그 무술이란 바로 도끼질이다. 형이나 아버지가 산에서 나무를 베어 오면 나는 도끼로 적당히 쪼개야 했다. 이런 연습 아닌 연습 덕에 골프를 칠 때 정확하게 공을 맞히고, 힘을 전달할 수 있게 되었으며, 힘을 빼고도 공을 멀리 보낼 수 있다. 어린 시절 먹고살기 위해 배웠던 기술이, 어른이 되어 많은 사람과 잘 어울리고 인정받을 수 있는 계기가 된 것이다.

Check Point

경쟁사회에서 인정받기 위해서는 남이 하지 못하는 것을 할 줄 알아야 한다. 즉, 튀어야 하는 것이다. 튀기 위해서는 학창시절 무조건 공부만 할 것이 아니라 즐길 수 있는 것에도 관심을 가지는 것이 중요하다. 공부를 어느 정도 하면서 피아노, 기타, 첼로 연주도 하고, 사교댄스나 스포츠댄스도 할 수 있다면, 나중에 인생을 즐기는 사람으로 인정받고 성공할 수 있는 가능성을 크게 키우는 것이다.

chapter ... 04

학창시절에는 아르바이트보다 미래를 위해 준비하라

신문을 읽다 보니 고등학교 1학년 여학생이 부동산중개사 시험에 합격했다는 소식이 눈에 띄었다. 참으로 대견하다는 생각이 든다. 고등학생이면 입시공부와, 내신을 위한 학교공부에만 전념해도 시간이 부족할 텐데, 자투리시간을 활용해 공인자격증을 취득했다니 정말 삶을 충실하게 살고 있는 것이 틀림없다.

대학에 들어가면 자신이 직접 돈을 벌어 보겠다는 의욕으로 아르바이트를 많이 한다. 그러면 부모님은 주위 친구나 친지에게 "큰놈이 이번에 아르바이트를 해서 엄마 스웨터 한 벌을 사줬어."라고 자랑하기도 한다. 하지만 학생의 신분으로 돈을 벌기 위해 아르바이트를 하는 것이 과연 바람직한 것일까?

정말 학비가 없어서 일하는 건 아르바이트라기보다는 억지로 하는 노동이라고 봐야 한다. 그런 학생들은 아르바이트를 하면서 짬짬이 공부하고 시험을 준비해야 한다. 졸업을 위해서는 어쩔 수 없이 일해야만 하는 절박한 상황을 견뎌 내야만 하는 것이다.

그러나 부모님의 경제력으로 학교를 다니는 학생들 대다수는 굳이 아르바이트를 할 필요가 없다. 지금 당장 수십, 수백만 원을 벌어 부모님에게 학비 부담을 조금 덜어 드리는 것과, 나중에 사회에 진출했을 때 필요할 여러 가지 능력을 개발하여 졸업 후에 얻을 수 있는 이득(금전적, 사회적 위치 등) 중 무엇이 더 클지를 곰곰이 따져 볼 필요가 있다.

한번은 내가 회사에서 면접관으로 신입사원 면접을 본 적이 있는데, 당시 면접생 중 가장 점수를 많이 받은 학생이 있었다.

이 학생은 대학에 들어가자마자 제일 먼저 대학시절에 해야 할 일들에 대한 계획을 세워야겠다고 판단했다. 계획을 짜기 위해 부모님과 상의하고, 선배들과도 대화하고 성공했다는 사람들의 이야기도 들어보았다. 사회생활을 하는 친척들에게도 사회에서 필요로 하는 것이 무엇인지 알아보았다. 신문이나 각종 잡지를 통해 향후 비전 있는 일이 무엇인지 검색도 했다. 그리고 깊은 생각 끝에 '해야 할 일 목록' 을 만들었다.

우선 어학이 가장 중요했다. 영어공부에 많은 시간을 투자하고, 사회에서 인정하는 공인점수를 확보하기 위해 2학년 때까지 전력투구했다. 1학년 여름방학과 겨울방학을 이용해 상당한 실력을 갖추었고, 2학년 여름방학에는 생활영어를 익히기 위해 배낭여행을 떠났다.

어느 정도 영어에 자신감이 붙자, 그냥 영어만 공부하는 것보다는 영어공부를 하면서 사회에서 필요로 하는 자격증을 따면 더 좋겠다는 생각이 들었다.

그래서 미국 공인회계사 시험에 도전하기로 했다. 문제은행 형식의 시험이어서 굳이 회계학을 전공하지 않아도 웬만한 영어실력이면 합격이 가능하다는 말에 자신감을 얻은 것이다.

막상 공인회계사 시험공부를 하다 보니, 영어문서를 작성하는 법도 터득하게 되어 고급 영어 구사가 가능해졌다. 또 회사의 재무제표 등을 이해할 수 있는 정도로 경제지식도 늘었다.

결국 3학년 때 미국 공인회계사를 취득했는데, 이로 인해 본인의 장래에 대한 생각도 바뀌었다. 원래 인문학을 전공했으나 회계공부에 흥미를 느끼게 된 것이다. 그래서 요즘 잘 나간다는 PB영업에 관심을 갖게 되었다.

3학년 하반기부터는 이 일에 필요한 자격증을 따기 위한 공부를 시작했다. 사실 자격증 시험은 전문가를 양성하기 위한 시험이 아니므로, 조금만 공부하면 누구나 다 합격할 수 있을 정도의 범용성이 있다. 이 학생은 이런 점을 알고 공부에 탄력을 붙여, 1년 반 사이에 사회에서 필요로 하는 자격증을 모두 취득했다.

이 학생의 말에 의하면 자격증 시험 간에 유사한 과목이나 내용이 많아, 사실 그리 많이 공부하지 않아도 자격증 몇 개 취득하는 것은 어렵지 않았다고 한다.

그리고 이 학생은 처음에 선택한 전공을 과감히 버리고, 미래에 유망한 직종으로 진로를 바꾸었다. 결국 학창시절의 여유시간을 미래를 위한 준비에 투자한 결과, 높은 경쟁률을 뚫고 취업에 성공했다. 그리고 향후 구조조정 걱정이 없을 정도로 다양한 자격증을 갖추었다. 게다가 장차 자기 사업을 위한 바탕도 마련해 놓았으니, 그야말로 '알토란' 같은 학창시절의 덕을 톡톡히 본 셈이다.

미래를 준비하지 않으면 미래를 놓친다

반면 내 친척 중 한 녀석은 사뭇 다른 길을 걸었다. 부모님 형편이 어렵다는 이유로 대학에 입학하자마자 아르바이트를 시작했다. 군대를 간다며 휴학하고 남는 시간에도 아르바이트를 했다. 제대하고 복학할 때까지 남은 시간은 물론 지금도 아르바이트를 하고 있다. 그리고 졸업반이 되자 1년을 휴학하겠다고 했다. 취직할 준비가 안 되었다는 것이다.

토익이나 토플 시험도 제대로 보지 못했고, 사회봉사활동 하나 한 것이 없으며, 외국여행 경험도 없고, 필요한 자격증도 없다. 취업시장에 내놓을 만한 변변한 경력이 하나도 없다는 얘기다. 그리고 결국은 취업 재수가 더욱 취업을 어렵게 만든다는 주변의 이야기를 듣고 휴학을 결정한 것이다.

나는 그 전에 이 녀석에게 학비가 없으면 융자를 받아 공부하고, 나중에 취직해서 갚으라고 했다. 당장 학비를 벌기 위해 그렇게 아르바이트에 매달릴 필요가 없다고 여러 번 강조했다.

그러나 자신이 벌어서 학교를 다니겠다는 야무진 생각에 열심히 아르바이트를 해 소기의 목적은 이뤘지만, 그로 인해 1년을 쉬게 된 것이다.

사회생활에서 1년 뒤진다는 것은 실로 어마어마하게 큰 차이가 난다. 직장에 1년 뒤 입사하게 되면 호봉 승진이 1년 늦어, 평생 1호봉에 해당하는 급여를 받지 못하게 된다.

즉, 졸업과 동시에 공무원에 임용되어 연봉 2천만 원을 받는다고 하면, 다음 해는 호봉이 올라 2천1백만 원이 되고, 그 다음 해는 2천2백만 원이 될 것인데, 한해 뒤에 입사하면 2천만 원을 받아 결국 백만 원을 적게 받는 셈이다.

문제는 이것이 입사한 당해에만 해당되는 것이 아니라 직장생활을 하는 동안 계속하여 받을 수 없는 격차로 남는 것이어서, 엄청난 금전적 손실이 된다. 또 근속연수가 줄어들어 퇴직금도 적다. 더욱 가슴 아픈 것은 학창시절 친구들보다 입사가 늦어 그들의 부하직원으로 있어야 한다는 것이다.

앞에서 예로 든 두 학생의 경우가 모든 이에게 적용된다고 할 수는 없다. 하지만 눈앞의 작은 이익 때문에 멀리 있는 성공의 종을 울리지 못하는 우를 범해서는 안 된다.

Check Point

시간은 늘 여유로운 것이 아니다. 특히 사회생활을 시작하면 시간은 정말 금같이 귀하고, 시간에 쫓겨 자기발전을 위한 노력을 할 여유가 없다. 학창시절은 미래를 준비하는 소중한 시기이다. 그런 때에 무조건 아르바이트에 매달리면 당장은 금전적으로 조금 얻는 게 있을지 몰라도, 나중에 수확할 수 있는 큰 열매를 놓치게 될지도 모른다.

사회 선배로서의 부탁이니, 학생들은 지금 자신의 여유시간을 미래를 위한 투자로 활용하길 간절히 바란다.

chapter ...05

역발상의 아이디어는 휴식에서 나온다

자수성가한 사업가들의 공통점 중 하나는 "학교에 다닐 때 모범생은 아니었다"는 것이다. 그보다는 조금 엉뚱한 사람에 가까웠다. 상황을 있는 그대로 받아들이기보다는 좀 더 발전적인 것이 없는지 골똘히 생각해보는 남다른 사고방식이 그들을 성공으로 이끌었다는 말이다.

그들에게 성공하는 데 기반이 된 '엉뚱한 생각'은 어떻게 생기는지 물어봤다. 공통된 대답은 공부할 때 공부하고, 놀 때 놀았다는 것이다. 그들은 분명하게 구분된 생활 속에서 집중력과 창의력을 길렀다. 이것이 습관화되어 새로운 것을 창조하거나 기존의 틀을 벗어나는 계기가 됐다는 것이다.

놀 때 놀다 보니 지난번보다 더 재미있게 노는 방법을 찾게 됐고,

도전하는 과정에 많은 시행착오를 겪으면서도 "해보면 즐겁다"는 것을 알게 돼 "무조건 도전해보자"라는 정신무장을 갖추게 된 것이다. 또한 열심히 공부하고 난 후의 좋은 결과는 자신을 만족시키고 자신감을 키워주었기에 공부할 땐 누구보다도 열심히 하는 습관을 기르게 되었고, 일할 때는 일에만 몰입할 수 있는 집중력을 키웠다고 한다.

이뿐만 아니다. 공부와 놀이 양쪽에 충실하다 보니, 세상은 한쪽 면만 있는 것이 아니라 그 반대면이 있다는 것도 인식하게 되었다. 어느 쪽이든 한쪽 면으로는 둥근 공을 만들 수 없듯이, 그 반대면도 완전해야 제대로 된 공이 될 수 있다는 것을 깨달았다는 것이다.

그런 사고방식을 몸에 익힌 사람은 사물을 보는 눈이 남다르다. 옆도 보고, 뒤도 보고, 세워도 보고, 뒤집어 보기도 하는 등 엉뚱한 상상을 한다. 버려야 할 것이나 별 대수롭지 않은 것도 그냥 지나치는 법 없이 다시 한 번 관찰하면서 새로운 것을 만들어내는 것이다.

물론 학교공부가 전혀 필요하지 않다는 것은 아니다. 어른이 되어 살아가는 방편이 될 수도 있다. 하지만 성공할 수 있는 기틀은 창의력과 도전의식 그리고 사물을 보는 넓은 시야에서 비롯되는 것이므로 모범생이 꼭 성공할 수 있다는 생각은 버려야 한다.

학생도 사회인도 휴식이 꼭 필요하다

요즘 중·고등학교 학생들을 보면 학교수업이 끝나기 바쁘게 학원으로 달려가고, 집에 와서도 학교, 학원 숙제를 하느라 자정이 넘어서야 잠자리에 든다. 주말에도 학원에서 보충수업을 받아야 한다. 이 정도면 우리나라 학생들 체력은 정말 세계 1등이라고 자랑하고 싶다.

하지만 학생은 기계가 아니다. 한참 육체적, 정신적으로 성장해야 할 청소년기에는 적당한 휴식과 운동이 반드시 필요하다. 최소한 주말이라도 잘 쉬어야 한다. 이것은 장차 사회에 나가서 살아가는 방식을 결정할 수도 있기 때문이다.

학창시절에 휴식을 모르고 오직 경쟁에서 이기고 공부를 잘해야 한다고 강요 당하면 당할수록 경쟁에서 지면 인생의 낙오자가 된다는 강박관념을 갖게 된다. 그리고 아예 인생을 포기하고 나쁜 길로 빠져들기 쉽다.

차라리 선의의 경쟁은 필요하지만 경쟁에서 지더라도 정정당당하면 떳떳한 것이며, 세상에는 자기보다 더 뛰어난 사람이 있다는 걸 알고 좀 더 열심히 하려는 자세를 배우는 게 좋다. 그러면 사회에서 올바른 사람, 발전하려고 노력하는 사람으로 인정받게 될 것이다.

휴식을 위한 시간 활용은 성인에게도 필요하다. 나는 평일과 주말은 확실하게 구분한다. 평일에는 사람 만나랴, 업무 검토하랴, 회의

참석하랴 정말 바쁘다. 그러나 금요일 저녁부터는 그 누구의 방해도 받지 않는다. 주말이면 내 시간을 내가 계획한 대로 보낸다. 뭔가 기대되는 주말이 있어야 주 5일에 열심히 일할 맛이 나고 힘들어도 버틸 수 있는 것 아니겠는가!

Check Point

주중에는 열심히 일하고, 주말에는 자신만의 휴식을 보내는 것이 삶의 질을 높이는 길이다. 그리고 주말을 자신만의 시간으로 만들려면 미리 계획을 세워야 한다.

학창시절부터 공부와 놀이의 중요성을 알고 둘 다 진정으로 즐기고 몰입하는 습관을 기른다면, 나중에 사회에 나와서도 주중의 업무에 몰입해 성과를 거두고 주말의 달콤한 휴식에서 새로운 에너지를 얻을 수 있을 것이다.

chapter …06

여행은 더 큰 세상을 보여준다

고등학교 때 일이다. 친구 한 명과 함께 대전에서 출발하는 완행열차를 타고 부산으로 무작정 여행을 떠난 적이 있었다. 자갈치시장을 구경할 겸 이리저리 돌아다니는데, 펄떡거리는 생선을 초장에 찍어 맛있게 먹는 모습을 보니 배가 더욱 고팠다. 그제야 두 끼나 굶은 사실을 깨달았다.

친구와 함께 주머니를 뒤져보니 달랑 1천 원. 우리는 '아나고' 라는 회를 먹고 싶어 횟집주인에게 얼마냐고 묻자 거친 경상도 사투리로 1천 원이라고 했다. 그 말에 배고픈 나머지 나중에 어찌될지언정 일단 먹고 보자는 마음에 '둘이서 먹다가 하나가 죽어도 모를' 정도로 맛있게 먹었다. 마파람에 게 눈 감추듯 순식간에 접시를 비웠다.

그런데 돈이 부족했다. 2천 원이라는 경상도 사투리를 잘못 알아들은 것이다. 꼼짝없이 밥값으로 청소하고 식기도 닦았다. 문제는 돌아갈 차비도 없다는 것이었다. 공짜 기차를 타보려 했지만 부산진역을 빠져나가기가 쉽지 않았다. 고민 끝에 행인에게 돈을 얻기로 했다. 난생 처음 구걸을 하면서 얼굴이 붉어지고 자존심이 팍 꺾였다.

그때 '내가 거지가 됐구나!' 하는 처량함에 고개를 떨구며 다짐했다. '나중에 나는 돈을 많이 벌 거야. 어려운 사람이 있으면 도와줄 거야!' 이 생각은 지금도 잊지 않고 있는 나 자신과의 약속이다.

고등학교 시절에는 자정에 대전에서 출발해 경부선과 호남선으로 밤새 달리는 기차가 있었다. 당시에는 야간통행금지가 있어 자정이 넘으면 이동할 수가 없었으나, 기차를 타기 위해 혹은 기차를 타고 내리면 손바닥에 파란색 잉크로 된 통행증 도장을 찍어줬다. 이 도장은 당시 고등학생인 나에게는 마치 훈장과 같은 것이어서 월요일이면 나의 여행기를 듣기 위해 친구들이 몰려들곤 했다.

기차를 타고 토요일 자정에 출발해 종점에 도착하는 시간은 보통 새벽이나 이른 아침이었다. 내리는 곳은 부산진이나 목포 혹은 여수였다. 즉, 밤새 기차를 타고 선잠을 자면서 먼 곳에 도착해 그곳의 도시를 구경하고, 지리와 국사시간에 배운 명소를 찾아보고, 대전으로 돌아오는 완행열차를 타면 이른 새벽에 도착해 등교했다.

엄청나게 힘든 여행이었지만 이런 여행을 하기로 마음먹은 것은, '세상은 넓고 할 일은 많다' 는 책 제목처럼 여러 곳을 두루 보고 싶었기 때문이다. (물론 당시에는 이 책이 없었다.)

사실 나는 촌놈으로 태어나 시골에서 나무하고 밭일하는 게 전부인 줄 알았다. 그러다 고등학생이 되어 비로소 대도시가 있다는 것을 알게 되었다. 더 큰 세상을 보고는 미래를 설계하겠다는 야무진 꿈을 꾸었던 것이다.

여행이 나를 미래로 이끌었다

처음에는 시골에 살던 집이 그렇게 커 보였는데, 대전의 자취방이 있는 대궐 같은 집을 보고는 시골집의 초라함을 알았다. 동네 뒷동산처럼 높아 보였던 대전역 앞의 아카데미극장 4층 건물도 부산진역 앞의 침례병원 건물에 비할 바가 못 됐다. 그리고 하늘 끝까지 치솟은 산맥처럼 느껴졌던 서울의 삼일빌딩을 보고서야, 세상에는 더 크고 높은 것이 존재한다는 걸 인정하게 됐다.

새 세상을 만나고 그것을 인정한다는 건 나보다 나은 것에 대한 무조건적인 거부감을 없앴고 오히려 내가 발전하는 데 도움이 됐다.

나는 바다를 무척 좋아한다. 시골에서 "수영깨나 하고 잠수도 잘해서 조개를 잘 잡는다."는 인정을 받았다. 그러다 어느 날 부산 태종대 앞바다를 보고는 '내가 여기서도 수영 좀 한다고 소리칠 수 있을까?' 하는 생각이 들었다. 그후로 바다를 볼 때마다 나의 스승이자 이겨내야 하는 벽으로 느끼면서 나를 다잡을 수 있었다.

학생 신분으로 돈과 시간이 부족했지만, 한 달에 한 번 정도는 반드시 완행열차를 타고 여행하기로 마음먹고 친구와 함께 혹은 혼자서 실행에 옮겼다.

그러다 보니 차장 몰래 기차를 타는 '공짜 여행' 도 해봤고, 배를 쫄쫄 굶은 채 유달산을 올라간 적도 있다. 또 기차 옆자리 사람과 몇 시간씩 대화를 나누고 먹을 것을 나눠 먹으면서 어울리는 법을 터득할 수 있었다. 이 모든 것들은 돈을 주고도 얻지 못할 소중한 경험이었다. 사실 돈을 많이 들인다고 해서 좋은 여행이 되는 건 아니다.

내게는 친하게 지내는 큰 부자가 한 명 있다. 이 사람의 가족은 정말 열심히 가족여행을 다닌다. 시간이 날 때마다 전 세계 곳곳으로 많은 돈을 들여 여행을 다닌다. 가정이 화목해 보이고 아이들도 예의바르고 착하다. 어느 날 양쪽 가족이 그가 소유하고 있는 콘도로 놀러가게 됐다.

나는 차 트렁크에 공이나 물고기잡이 도구를 가지고 다닌다. 그날 저녁 아이들과 공놀이를 하다 보니 그 집 아이들은 공놀이를 처음 하는 것처럼 너무나 즐거워했다. 알고 보니 육체적으로 부딪치는 공놀이 같은 것은 하지 않는다는 것이다. 그래서 "내일은 냇가에 고기를 잡으러 가자."고 내가 제안했다.

이튿날 모두 냇가로 나갔고 투망을 던져 고기를 잡았다. 그리고 내가 투망으로 잡아올린 물고기를 모래성으로 만든 어항에 가두고 관찰하며 놀았다. 그 부잣집 아이들은 여느 평범한 집 아이들처럼 물고기잡이 놀이에 즐거워했다. 비싼 외국 여행보다 그게 훨씬 더 즐거웠던 것이다.

Check Point

부모로서 아이들이 인간성 바르고 친구들과 잘 어울리기를 원한다면, 제일 먼저 가족여행을 떠나라고 권하고 싶다. 돈을 많이 들여 떠나는 호화여행이 아니라 말 그대로 가족이 함께 시간을 공유하는 테마여행이면 된다. 물론 새로운 세상을 보여주기 위한 외국여행이나 관광지여행도 필요하다. 다만 어른의 눈에서 보는 관광이 아니라 아이의 눈으로 느낄 수 있는 여행이라야 한다.

chapter ... 07

매달 1억 원씩 쓰게 하는 부자교육법

어떤 재벌집에서는 후계자를 키울 때 시키는 일이 있는데, 대학생이 되면 무조건 한 달에 다 쓰지 못할 정도의 돈을 준다.

예를 들어, 1억 원을 주고 남김없이 쓰고 오라고 한다. 처음에는 웬 횡재냐 하고 여기저기 돈을 쓰며 정신없이 즐긴다. 그런데 다음 달에도 어김없이 또 1억 원을 주고 반드시 한 달 동안 다 쓰고 오라고 한다. 그러면 점점 돈 쓰는 것이 부담스러워진다고 한다.

학창시절에 하지 말라는 것은 무조건 하고 싶지만 막상 하고 나면 별 것 아니라는 걸 알게 된다. 이처럼 돈을 펑펑 쓰고 방탕하게 놀 수 있는 기회를 준 다음 다시 원래 생활로 돌아오도록 만드는 것이다. 그러면 "그거 다 왕년에 내가 해 본거야."라며 어떤 유혹에도 빠지지 않게 된다고 한다.

부모가 사사건건 간섭해 아이의 주도권을 빼앗으면 아이는 올바로 자랄 수 없다. 늘 부모의 눈치를 보는 '마마보이'가 되거나, 부모의 지시에 무조건 반대하려는 성향이 생길 수 있다. 두 가지 모두 아주 심각한 문제를 일으킬 수 있다.

마마보이가 되어 무조건 부모에게 의지하려는 경향을 보여 결혼 후에도 독립적 자아를 갖지 못해 이혼하는 사람도 있다. 또, 간섭하는 것이면 무조건 싫어해 조직생활에 적응하지 못하거나 사회와도 벽을 쌓는 사람이 있다. 그렇다고 무조건 방치하는 것은 더욱 위험한 일이다. 안 좋은 행동을 피하는 지혜를 체득하면 다행이지만 아예 푹 빠져서 헤어나오지 못하는 경우도 있기 때문이다.

사회 경험이 부족한 학생들은 사춘기의 사고방식, 친구들의 권유나 자존심, 친구 간의 집단성, 호기심으로 인해 나쁜 길로 빠지기 쉽다. 이를 막기 위해서는 먼저 부모가 모범을 보이고 아이들이 따라하도록 해야 한다. 즉, 말로 시키기보다는 행동으로 보여주어야 한다.

예컨대 휴지를 버리지 말라고 잔소리하면 아이들은 부모 앞에서는 휴지를 버리지 않는다. 하지만 반항심에 부모가 보지 않을 때 일부러 휴지를 버릴지도 모른다. 그보다는 부모가 "누가 여기에 휴지를 버렸어! 이런 데 휴지를 버리면 안 되는데."라면서 휴지를 휴지통에 버리는 행동을 직접 보여주는 것이 더 효과적이다.

이런 간접적인 방식으로 아이들을 교육하는 데 한계를 느낀다면 대화가 필요하다. 꼭 부모가 직접 대화할 필요는 없다. 아이들과 나이 차이가 많이 나지 않는 사람이 오히려 효과적일 수 있다.

친척 중에 아이보다 나이가 많은 학생을 만나게 주선하라. 그 학생으로 하여금 담배가 좋은 것인지 나쁜 것인지, 공부를 왜 해야 하는지, 어떤 친구를 사귀어야 하는지, 이성은 언제 사귀는 것이 좋은지 등에 대해 얘기를 들려주는 게 좋다. 대학생이라면 직장생활을 시작한 선배에게서 얘기를 듣는 게 좋다. 후배 입장에서 알고 싶은 이야기가 귀에 쏙쏙 들어와서 자신의 앞날을 설계하는 데 필요한 정보가 되기 때문이다.

세상에서 자기 맘대로 안 되는 것 중 하나가 자식 농사라고 한다. 자식 농사를 잘 짓기 위해서는 아이들에 대한 욕심을 버리고, 아이들 능력에 맞는 범위에서 지원해주고, 그 정도만 기대하면 된다. 너무 큰 기대나 지원은 아이들을 힘들게 하고 부모의 실망감만 키우는 요인이 되어 서로에게 안 좋은 결과를 낳을 수 있다.

부모가 아이들의 거울이 되기 위해서는, 말보다 행동으로 직접 보여주는 교육을 통해 아이들의 사고나 행동양식을 개선하고 좋은 방향으로 이끌어 주어야 한다. 특히 중학생 이상이 되면 잔소리보다는 칭찬을 해야 한다.

잘못된 점을 지적할 때는 아이들의 선배가 되는 사람을 통하는 것이 아이들이 올바르게 살아가는 방식을 찾아가는 데 도움이 될 수 있다.

Check Point

부모는 아이들의 삶에 간섭을 줄이고, 스스로의 선택을 통해 책임감을 갖도록 해주어야 한다. 자신의 일에 대한 책임감과 스스로 하려는 의지가 강한 아이는 나중에 사회에 나가서 실패의 확률을 낮추고 자립할 수 있는 능력이 생길 것이다.

chapter ... 08

대학이 목표인가, 부자로 사는 게 목표인가

요즘은 전문가가 대접받는 사회다. 이런 사회에서 부모가 아이들의 장래를 위해서 할 일이 하나 있다. 바로 미래지향적인 판단에 의해 앞으로 사회에서 발전적이고 유망한 직종을 찾아내는 일이다.

연말이면 신문 등에서 미래의 유망한 직종들이 소개되는데, 이를 눈여겨 볼 필요가 있다.

부모는 아이들의 미래에 대한 고민을 고등학교 때부터 시작해야 한다. 그때 무엇을 기준으로 아이의 진학이나 학과를 선택할 것인가? 단지 공부를 잘한다고 특목고에 보내거나 좋은 학군을 찾아갈 것인가? 성적이 신통치 않으니 동네 학교에 보낼 것인가? 부모가 명쾌하게 판단해야 아이의 미래에 대한 비전을 만들어갈 수 있다.

통계청 발표에 따르면, 우리나라 상위 1%에 해당하는 소득집단의 40%가 '공대 출신의 40대'라고 한다. 경제원리에 맞게, 회사 수익의 공헌도에 따라 차등된 급여 지급의 결과다.

성과를 낸 사람에 대해서는 만족스러울 정도의 성과급을 주고 더욱 좋은 성과를 기대하는 것이 현실의 경제원리다. 이런 성과를 내는 직종은 판 · 검사 출신의 변호사도 아니요, 회계사나 의사도 아니다. 대부분 제품 개발이나 연구에 관련된 직종이다.

어떤 분야든 그 분야의 전문가를 만드는 것이 아이를 성공적으로 키우는 것이며 경제적 안정도 보장할 수 있다. 공부를 잘한다고 무조건 문과에 보내 판 · 검사나 변호사를 목표로 하거나, 이과에 보내 의사를 목표로 하지 말라는 것이다.

시대는 바뀌었다. 사회에서 인정받고 돈도 잘 버는 전문가 직종이 부상하고 있다. 요즘 공장에 가면 고등학교 출신 명장이 많다. 이들의 급여는 웬만한 회사 중역보다 많고 대접 또한 대단하다. 반드시 대학을 나올 필요가 없는 것이다.

진짜 게임은 사회생활에서 벌어진다

중하위직 공무원이 되려고 한다면 고등학교 졸업 후 바로 공무원 시험을 준비하는 것이 목표를 달성하는 빠른 길이다. 공무원이 되고 나서 더 공부하고 싶다면, 야간대학이나 사이버대학을 다니면 된다. 목표가 공무원이면서 왜 그 비싼 학비를 내고 대학에 다니며 시간을 낭비하는지 가끔 이해가 안 될 때가 있다.

물론 대학에 다니며 사회생활에 필요한 인맥을 만들 수도 있다. 하지만 중하위직 공무원이 목표라면 고교 졸업 후 공무원이 된 뒤 나중에 대학을 다녀도 늦지 않다.

실업계 고등학교를 나온 사람들 중 기술직에 도전하여 각종 대회에서 금메달을 따고 '명장' 이라는 칭호를 얻어 멋있게 사는 사람이 많다. 실업계 학교는 문제가 있거나 공부를 못하는 애들이 가는 곳이라는 잘못된 선입견은 버려야 한다. 무조건 인문계만 고집할 게 아니다. 아이의 능력이 실업계에서 꽃필 수 있다고 판단한다면 실업계를 선택하는 것이 바람직하다.

요즘은 대학을 나오고도 실업자 신세를 면치 못하는 경우가 많다. 그렇다면 차라리 고교 졸업 후 회사에 다니면서 대학을 졸업하는 방법을 생각해 볼 수 있다. 더불어 여러 자격증을 따는 것이다. 그러면 더 많은 연봉, 더 높은 직급으로 이직할 수 있는 기회도 얻을 수 있다.

직장을 구하고 자기가 어떻게 하느냐가 중요하지, 결코 고졸, 전문대졸이라는 학벌에 따라 사회에서 무시당한다고 생각할 필요가 없다.

나 또한 고등학교를 졸업하고 사회에서 돈을 벌기 위해 몇 년을 열심히 일하다 대학에 진학했고, 그 대학은 2년제 대학이었다. 이후 자기계발을 위해 열심히 뛰다 보니 기회는 주어지는 것이 아니라 만드는 것이라는 것을 알게 되었다. 기회가 왔을 때 자신의 능력을 최대한 발휘하는 것이 중요한 것이다.

Check Point

부모들은 과거의 생각에 얽매이면 안 된다. 부모 세대에 좋았던 직업이나 대학 그리고 학과를 아이들에게 적용하면 시대에 뒤떨어지는 것이다. 세태는 계속 변한다. 아이들은 그 변화에 적응해야 하고 새로운 시대의 도전을 이겨내야 한다. 그런데 부모가 이런 현실을 외면한 채 고집을 부린다거나 자신의 사고를 아이에게 강요해서는 안 된다.

chapter ...09

닭과 오리를 사서 재테크를 시작하다

아르바이트를 권하지 않는 나로서는 학창시절에 돈벌이에 나서는 것 역시 권하지 않는다. 학창시절에는 그 시절에 꼭 해야 할 것들이 있으며, 그것에 충실한 것이 무엇보다 중요하기 때문이다.

다만 사람에 따라서는 가정형편 때문에 학업에 충실할 수 없는 것이 사실이다. 나 역시 마찬가지였다. 돈 없이는 공부할 수도, 먹고살 수도, 시골을 벗어날 수도 없었다. 누가 뭐래도 나는 돈을 벌어야만 했다.

초등학교 시절 나는 학교에 가기가 정말 싫었다. 공납금을 제때 내지 못했기 때문이다. 아침이면 쭈뼛거리며 말도 제대로 못하고 집을 쉽게 나서지도 못했다. 공납금을 내지 못해서 학교가기 싫은데,

돈을 달라고 하기엔 가정형편이 어려운 것을 너무도 잘 알았기 때문이었다.

초등학교 4학년 겨울방학 때 일이다. 작은 할아버지가 병환으로 돌아가시자 5일장을 치르게 되었다. 당시는 어른들이 담배 심부름을 많이 시켰는데 여기에서 부수입이 생겼다.

닷새 동안 심부름을 하고 나니, 잔돈으로 받은 것과 심부름 값으로 받은 것을 합하여 60원이나 되었다. 어린 마음에 이 돈을 주머니 속에 감추어 두고 매일 만져보는 재미는 금덩어리를 만지는 듯 뿌듯했다.

그때부터 고민이 생겼다. 그 돈을 쓸 곳을 궁리하는 행복한 고민에 빠진 것이다. 그때 문득 이런 생각이 들었다. “그래 학교에 가면 만날 기성회비 안 낸다고 혼났는데, 이걸로 학비를 내면 내년에는 마음 편하게 학교를 다닐 수 있겠다.” 결국 그 돈을 기성회비로 내기로 했다. 마음 상하지 않고 학교에 다닐 수 있다고 생각하니, 그렇게 사고 싶었던 흰색 고무신도, 옥천장에서 그렇게 먹고 싶었던 호떡도 전혀 눈에 들어오지 않았다. 아마도 어린 마음에 학교에서 받은 상처가 컸던 모양이다.

그런데 하루 이틀이 지나면서 다른 고민이 생겼다. 다음 해까지는 학비를 낼 수 있지만 그후에는 막막했다. 게다가 중학교에는 과연 진학할 수 있을지 알 수 없는 일이었다. 그런 생각을 하다 보니 중학교는 꼭 내 힘으로 가야겠다고 다짐하게 되었다.

그래서 돈이 되는 것이 무엇이 있는지 살펴보기로 했다. 시골에서는 농작물로 돈을 번다. 여름에는 야채와 과일을 팔았고, 가을에는 감이나 고구마 그리고 쌀을 팔아 목돈을 만들었다. 그러나 이런 것들은 당시 어린 내가 할 일이 아니었다.

다른 방법이 있을까 고민하던 중 닭이 떠올랐다. 닭은 그냥 집안에 놓고 키워도 저절로 잘 큰다. 게다가 짧은 기간에 달걀을 생산하고 그걸 시장에 내다 팔면 바로 현금이 생긴다.

닭을 키우는 것이야말로 다른 사람의 도움 없이 할 수 있겠다고 생각했다. 하지만 60원으로는 닭을 충분히 살 수가 없었다. 다시 고민에 빠졌다.

초등학생의 재테크로 집이 부자 소리를 듣다

당시 나는 경제라는 것을 배우지는 못했지만, 한계효용의 법칙을 적용하기 위해 나름대로 노력했던 것 같다. 60원의 효용을 극대화하기 위한 방법에 골몰했던 것이다. 닭을 포기하고 떠오른 생각은 강아지였다. 강아지는 새끼를 낳을 것이고 그 새끼를 팔면 큰돈이 되겠다는 생각이 들었다.

내가 가진 돈으로도 강아지 한 마리는 살 수 있었다. 대청마루 밑에 짚으로 개집을 만들어 정성으로 키우기를 1년, 마침내 이 강아지가 새끼 강아지를 12마리나 낳았다.

나는 이 강아지를 팔아 현금을 만들었다. 그리고 당초 생각했던 대로 닭과 오리를 사오기로 하였다.

옥천장에 엄마와 함께 닭과 오리를 사러 갈 때 정말 세상이 내 것 같다는 말이 현실로 다가와 가슴이 부풀었다. 수십 마리의 병아리와 오리새끼를 사서 다치지 않게 조심하면서 이십 리 길을 걸어오는데, 전혀 피곤하거나 힘들지 않았다. 오히려 하늘을 나는 기분이었고 뭔가 해낸 뿌듯함이 있었다.

우물가 옆에 나뭇가지로 울타리를 직접 만들었다. 그리고 산에 올라 나무를 베어와 닭장도 만들었다. 참으로 허술하기 짝이 없었지만, 내 힘으로 하고픈 마음에 망치와 못 그리고 닥나무 껍질로 정성을 다해 만들었다.

그후로는 방과 후에 할 일이 생겼다. 학교를 마치고 집으로 오면서 논두렁을 그냥 걷는 것이 아니라, 막대기와 철사줄로 개구리를 잡아오는 일을 하게 된 것이다. 소죽을 끓이고 난 장작불에 그 개구리를 정성껏 요리해서 닭과 오리에게 먹였다. 이로 인해 쑥쑥 잘 커주었고, 불과 5개월만에 드디어 달걀을 생산하여 장날에 내다 팔기 시작했다.

그후 동네에서 우리집이 부자 소리를 듣게 되었다. 계란과 닭을 팔고 나면 현금이 생겼고, 현금을 필요로 하는 사람들이 우리집에 와서 아쉬운 소리를 해야 했기 때문이다. 즉 현금 유동성이 가장 좋은 집이 되었다.

내가 번 돈을 부모님이 관리하여 어디에다 사용했는지는 모르지만 학비 걱정은 하지 않아도 되었다. 아버님이 살아계시면 지금이라도 그때 계란과 닭 판 돈을 청구해 보련만, 일찍 돌아가셔서 이런 투정도 부리지 못하는 것이 못내 아쉽다.

Check Point

나는 여기서 두 가지를 생각해 보고 싶다.
첫째, 만약 60원을 그냥 학비로 냈다면 과연 나머지 학업을 잘 할 수 있었을까? 하는 의문이다. 아마 중학교 정도 다니고, 학교를 그만두어 다른 길로 가지 않았을까? 내가 계속 공부할 수 있었던 것은 그 작은 돈을 어디에다 투자했느냐에 달려 있었다. 즉, 자금을 어떻게 운용하느냐에 따라 결과가 크게 달라지는 것이다.
둘째, 사실 개보다는 돼지를 키우는 것이 더 빨리 소득을 올리는 방법이다. 즉, 나는 나 자신만의 능력을 생각했지, 다른 사람의 도움을 받거나 돈을 빌려서라도 좀 더 효과적으로 투자할 생각은 하지 못했다. 예를 들어, 재개발 아파트를 살 때 더 큰 평수가 더 많은 이익이 있을 것이라 예상된다면, 남의 도움을 받거나 금융대출을 이용할 필요가 있다.

chapter ... 10

시험보다 사회에서 필요한 공부를 해야 한다

고등학교에 가면 이과나 문과를 선택해야 한다. 나는 문과가 적성에 맞는다고 생각했고, 장차 법률 계통의 직업을 선택하기로 마음먹었다. 그리고 법률을 다루는 직업을 가진 사람이 고등학교 시절 가장 필요로 할 공부가 무엇인지 알아보니 한문이라고 했다. 그래서 한문 공부에 많은 시간을 투자했다.

책을 읽더라도 한문으로 쓰인 명심보감, 채근담, 옛날 고시전집 등 한학과 관련된 것들을 골라 열심히 읽었다. 이것은 살아가는 데 필요한 인격형성에도 많은 도움이 되었다.

대학시절, 교양 국어와 한문 과목을 다른 학생들이 힘들어할 때 나는 쉽게 최고 점수를 받곤 했다. 이처럼 나중에 자신이 무엇을 할 것인가를 결정한 뒤 그에 맞는 공부를 해둔다면 상급 학교에 진학하거나 사회에 나갔을 때 큰 도움이 된다.

대학에 입학하고 나면 수학이라는 학문은 별로 쓸 일이 없다. 투자한 것만큼 쓸모가 있는 과목이 아니므로 문과 지망생들에게는 적절한 시간 배분을 요구하고 싶다. 나중에 사회에 나가서도 잘 활용할 수 있는 과목에 더 많은 시간을 투자하라는 말이다. 비록 수학문제를 덜 풀더라도 나중에 대학이나 사회에서 삶의 비료가 될 만한 것에 눈을 돌릴 필요가 있다.

나는 지금도 후회하는 것이 있다. 고등학교 시절 영어회화 공부를 하지 못한 것이다. 단어와 숙어 그리고 독해 실력까지는 누가 뭐래도 수준급이었지만, 막상 입을 열면 어눌한 발음에 부족한 실력이 금방 티가 난다. 사회에 나오면 문법이나 독해보다는 영어회화의 활용도가 훨씬 높다. 그때 누군가가 회화 위주로 공부하라고 가르쳐 주었다면 발음공부를 꽤 했을 것이고, 나이가 들어 회화공부에 덜 매달려도 됐을 것이다. 즉, 공부를 하더라도 시기에 따라 어떤 공부를 어떻게 하느냐가 미래에 자신의 가치를 좌우할 수 있다는 것이다.

사회생활을 하면서도 어떻게 공부할 것인지 아는 것은 중요하다. 내가 공무원을 그만두고 삼성증권에 입사한 뒤 약 3개월이 지났을 때다. 갑자기 자산관리사 자격증을 따야 한다고 했다. 세무전문가였던 나는 자산관리사 자격증이 필요 없다고 판단해서 시험 볼 생각이 없었다. 그래도 무슨 과목으로 시험을 치르나 봤더니, 이미 다 아는 세법과 부동산 관련법 그리고 민법 등이 주류를 이루고 있었다. 문득 나도 한번 시험을 봐야겠다는 생각이 들었다. 금융 관련 공부만 조금 하면 될 듯했다.

그래서 이틀간 단단히 마음 먹고 금융 관련 공부만 열심히 했다. 결과는 70점으로 합격이었다. 그때 새삼 느낀 점은 평소 자신이 일하는 분야에 대해 확실하게 지식을 쌓고, 자신의 일과 연관된 업무 분야까지 공부해 둔다면 어떠한 상황도 극복할 수 있다는 것이었다.

나는 세무공무원의 경험으로 인해 세법에 대한 공부는 기본이었고, 양도소득세를 잘 알기 위해 부동산 관련 법규를 공부해 두었으며, 상속이나 증여를 알기 위해 친족 관련, 채권 관련 등 민법 공부를 많이 해두었다. 그 덕분에 남들은 3개월을 공부하고도 합격률 30%라는 시험을 단 이틀 공부해서 통과할 수 있었던 것이다.

사실 세상에 완전히 별개의 학문은 없다. 자격증을 수십 개 가지고 있다는 것은 다양한 분야에 두루 능력이 있다는 의미가 아니다. 사실상 어느 한 분야의 능력을 갖고 있으면서 조금씩 조금씩 옆으로 번지는 잉크처럼 관련 분야에 대한 지식을 쌓아 자격을 취득한 것이다.

Check Point

사회생활을 하는 모든 이들에게 부탁하고 싶다. 최소한 자신이 몸 담은 분야와 그 분야와 관련된 업무에 대해서는 말 그대로 '도사'가 되라는 것이다. 자신의 분야에서 도사가 되면 그 분야의 최고가 될 수 있고, 최고는 사회에서 대접 받는 존재이므로 성공이 보장되는 것이다.

부자로 태어나는 사람은 많지 않다. 많은 경우, 부자는 스스로 만들어 가는 것이다. 자금이나 뒷배경이 없는 상
에서 그야말로 무에서 유를 창조하는 과정이다. 그러나 그것은 결코 불가능한 일이 아니다. 매일 그런 사람이
타나고 있다. 그리고 그런 사람들을 보면 준비하고 실천하는 비슷한 요소가 있음을 발견할 수 있다. 나 또한
런 길을 걸었기에 부자가 될 수 있었다. 그건 모든 사람에게도 똑같이 적용될 수 있다.

Part 2

사회생활을 어떻게 할 것인가?

01 당신이 원하는 부자의 모습을 먼저 그려 두어라

02 나는 공무원으로 평생 살 수 없었다

03 정보의 가치를 인정하고 충분히 보상하라

04 세상에 안 되는 건 없다

05 부자가 되기 위한 준비 3.3.4 전법

06 부의 축적에도 유행이 있다

07 부자를 만드는 대출, 서민으로 남게 하는 대출

08 투자는 신중하되 빠르게 결정해야 한다

09 이력서는 3년에 한 번 이상은 업데이트 해야 한다

10 주택이나 차에 목숨 걸지 마라

11 준비한 무기는 마음껏 사용하라

12 자식교육에 대한 투자에는 일정한 선을 그어라

13 사회생활을 시작할 때 노후 준비도 시작한다

14 부는 시간 속에 쌓아가는 것이다

15 관계를 중시해야 부자가 된다

16 배워라, 나를 힘들게 하는 사람도 스승이 될 수 있다

17 세금이 붙지 않는 채권 재테크

18 상대가 원하는 걸 이룰 수 있도록 도와라

19 상황이 어려워도 프로의 길을 걸어라

20 경력의 유효기간을 끊임없이 연장하라

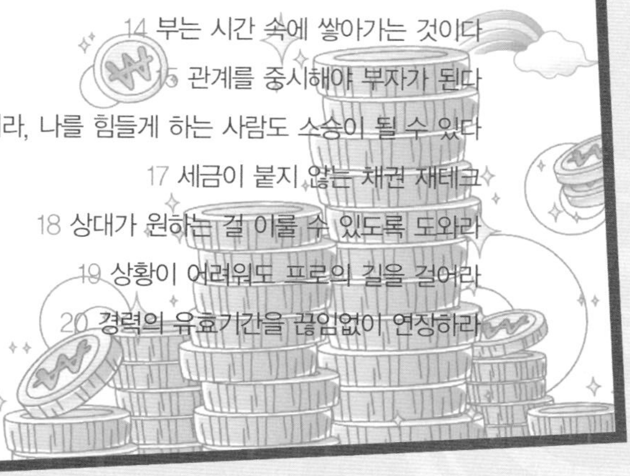

최고의 자리에 오르는 사람은 한 번에 하나씩 사다리를 오른다.
그러다가 어느 순간 당신이 소유하지 못했던 그 모든 권력과 능력이 생기게 된다.
그러면 타인은 "아, 나도 성공할 수 있구나." 하고 생각하게 될 것이다.
– 마가렛 대처

chapter ... 01

당신이 원하는 부자의 모습을 먼저 그려 두어라

모두가 부자가 되기를 소망한다. 그런데 과연 어떤 사람을 부자라고 해야 할까? 재산이 많아야 부자라고 하는 분이 있을 것이고, 재산보다는 마음이 건강해야 부자라고 하는 분도 있을 것이다. 그보다는 자식이 많고 모두 탈 없이 잘 살아야 부자라고 생각하는 사람도 있을 것이다.

사실 경제학에서도 부자에 대한 정확한 정의가 없다. 그저 그 나라의 경제여건에 따라 어느 정도의 재산가를 부자라고 할지 결정하고 있다. 사람마다 생각이 다르고 성장배경이 다르기 때문에 개인에 따라 부자에 대한 기준은 다를 수밖에 없다.

그런데 부자를 꿈꾸는 사람이라면 어떤 사람이 부자인지 정의해 둘 필요가 있다. 자기가 원하는 부자가 되어야 행복을 느낄 수 있기 때문이다. 그런 점에서 부자가 되기 위해서 준비해야 할 세 가지 요소가 있다.

첫째, 왜 부자가 되고자 하는지를 결정해야 한다. 뻔한 질문 같지만 답하기는 쉽지 않을 것이다. 그 이유는 그저 돈을 많이 벌어 잘먹고 잘살면 좋겠다고 막연하게 생각하기 때문이다. 왜 돈을 벌어야 하는지에 대해 자기만의 생각이 없는 사람들이 돈을 많이 벌면 두 가지 행태로 나타난다.

하나는 일단 돈을 쓰고 보자는 부류다. 그동안 돈이 없어서 누리지 못했던 것을 다 해보려고 하는 것이다. 돈은 또 벌면 된다는 자만심이 있는 사람, 돈에 한이 있는 사람도 여기에 속한다. 또 다른 부류는 이와 정반대다. 워낙 없이 살다 보니 돈은 무조건 모아두어야 한다고 생각한다. 자기 인생에 다시는 돈을 벌 수 있는 기회가 없을지 모른다는 두려움 때문이다. 두 부류 모두 부자가 될 자격이 없다.

과연 얼마를 벌 것인가?

부자가 되면 적절하게 소비하고 지출하면서 자신의 성공을 누려야 한다. 또한 노후나 후대를 위해 혹은 사회환원을 위해서도 돈을 쓸 수 있어야 한다. 우리나라에는 부자를 존경하기보다는 도둑놈으로 매도하는 경우가 많다. 이런 것을 깨고 부자로 존경 받으며 살기 위해서는 왜 부자가 되려 하는지를 먼저 생각해 두어야 한다. 그래야만 막상 부자가 되고 나서, 미리 정해 놓은 삶의 철학, 돈을 쓰는 방법, 삶의 목적에 따라 실수 없이 살아갈 수 있다.

어떤 학생이 명품지갑을 사기 위해 아르바이트를 한다고 가정하자. 그 학생은 일이 힘들어도 명품지갑이 눈에 어른거려 힘든 줄 모르고 열심히 일할 것이다. 그리고 돈을 모아 지갑을 사고 나면 마치 천하를 얻은 듯 만족감을 느끼며 큰 부자보다 더 행복해 할 것이다.

그러나 다른 학생들이 아르바이트를 하니까 자기도 따라서 아르바이트를 시작한 학생은 일의 목적이 없으니 몸과 마음이 힘들다. 게다가 돈을 벌어도 딱히 쓸 곳을 정해놓지 않았으니 어떤 소비를 하더라도 앞의 학생보다 기쁨이 덜할 것이다. 무조건 돈을 벌려고 하기보다 그렇게 번 돈으로 무엇을 할지 생각해 두면 힘든 순간을 이겨내고 일도 즐겁게 할 수 있다.

둘째, 벌고 싶은 금액을 정해야 한다. 금액을 정하지 않으면 '상대적 가난뱅이'에서 벗어나기 어렵다. 30억 원이 있다면 누가 봐도 부자다. 하지만 재산이 더 많은 사람과 비교하면 자신은 가난뱅이가 될 수밖에 없다. 우리 속담에 "아흔아홉 섬을 가진 사람이 한 섬 가진 사람 것을 빼앗아 백 섬을 채우려 한다."는 말이 있다. 욕심에는 끝이 없는 것이다.

이 속담이 부자에게만 해당된다고 여긴다면 오산이다. 우리는 모두 부자가 되고자 하는 꿈과 희망으로 열심히 노력하는 사람들이다.

부자와, 부자가 되려고 하는 자는 동일한 선상에서 봐야 한다. 즉, 모두가 욕심이 있고 욕심은 언제나 자신을 목마르고 배고프게 한다. 자신의 능력이나 주변여건을 보고 장차 벌 수 있는 금액을 정해 놓으면 도전의식을 부추길 수 있다. 그리고 그 목표를 이루고 나면 만족감을 느낄 수 있다.

그러나 능력 이상의 엉뚱한 금액을 벌겠다는 목표를 세우면 마음도 몸도 힘들어져 오히려 생활만 궁핍해진다. 벌어오는 수입은 뻔한데 그 이상을 모으겠다고 하면 최소한의 지출도 못해 인간답게 살 수 없다. 그뿐 아니라 목표를 이루지 못한 데 따른 좌절감으로 돈을 벌려는 의욕 자체를 잃게 될지도 모른다.

목표를 정할 때는 그 기간을 1년, 5년, 10년 단위로 세우는 것이 현실적이다. 1년의 목표는 어느 정도로 잡아야 할지 충분히 알 수 있다. 그만큼 달성 가능성도 높아서 연말이면 기분 좋게 한해를 마감할 수 있다.

그 다음 좀 더 높은 투자수익을 기대하면서 장기적인 안목으로 목표를 잡을 수 있다. 그러면 더 안정적이고 높은 수익률을 기대할 수 있다.

만약 주식에 투자했다면 단기적으로는 손해를 볼 수도 있지만, 장기적으로 보면 기다리면서 이익을 추구할 수 있는 여유가 생겨 결국 기대했던 것보다 더 많은 이익을 낼 수 있는 것이다. 이런 계획을 통해 자신이 50대가 되는 해의 최종 목표금액을 정한다면, 더 이상 욕심을 부릴 필요 없이 그 자금으로 노후생활을 해도 충분하다.

다시 말하면 지금 1년간 벌고자 하는 목표금액을 현실적으로 세우고, 이 돈을 활용해 5년 계획을 세울 때는 보다 큰 계획을 세워도 된다는 것이다. 다시 5년 모은 돈으로 5년 후의 계획을 세우는 일을 반복하다가 50살이 되면, 이를 유지하고 지출하는 방향으로 계획을 세워야 한다.

그렇게 하면 주변에서 '부동산이나 주식으로 돈을 벌었다'라는 얘기를 듣고 배 아파하거나 부화뇌동해 손실을 보는 일은 없을 것이다. 또한 자신의 계획과 지속적 관리에 따라 안정적인 경제생활을 유지해갈 수 있다.

목표한 금액을 벌면 더 이상 욕심 내지 말고, 자신과 가족을 위해 현재의 삶을 즐기는 데 사용하는 것이 좋다. 절대로 과욕으로 목표를 정하면 안 된다. 필요 이상으로 욕심을 내면 목표는 무의미한 숫자가 되어 다시 마음과 몸이 힘들어진다.

당신은 부자를 존경하는가? 시기하는가?

셋째, 부자가 되면 어떤 모습으로 살 것인지 정해야 한다. 지금 여러분이 부자가 됐다고 상상해 보라. 부모 형제가 모두 다 잘살 수 있도록 도와줄 것인가? 동창생들이 어렵다고 돈을 빌리러 오면 빌려

줄 것인가? 자신이나 자녀는 어떤 모습으로 생활하고 있을까?

앞서 말했듯이 우리 사회는 부자에 대해 그리 좋게 생각하지 않는 이상한 분위기가 있다. 자기 자신도 그런 습성이 있지는 않은지 한 번 생각해 보라. 만약 자신이 그런 부류의 사람이라면 막상 부자가 되어도 다른 사람들에게 그런 대접을 받을 수밖에 없다.

자신은 지금의 부자들과는 다른 모습으로 살아가야 되지 않을까? 바로 그 생각을 해둬야 한다는 것이다. 부자가 되기 전에 미리 어떤 부자로 살 것인지 충분히 생각하고 나름대로 실천사항을 점검해 둔다. 그러면 부자가 되었을 때 재산뿐 아니라 마음도 부자가 될 수 있고, 주변에 많은 친구를 두고 존경받는 이웃으로 행복하게 살 수 있을 것이다.

Check Point

당신은 부자가 되기 전에 부자란 어떤 사람인지, 당신이 되고자 하는 부자는 어떤 모습인지 미리 생각해 두어야 한다. 그저 돈이 많으면 부자가 될 거라고 생각한다면, 돈은 많아졌는데 정작 삶은 불만족스러울 수도 있다. 당신 삶에 보람과 행복을 가져올 부자의 모습을 미리 생각해 두는 것은 돈을 많이 버는 것만큼이나 중요한 것이다.

chapter...02

나는 공무원으로 평생 살 수 없었다

나는 14년 가까이 공무원 생활을 했다. 공무원이란 정년이 보장되는 좋은 자리임에 틀림없다. 하지만 자기발전 면에서는 여러 가지 여건이 민간기업이나 자영업보다는 좀 못한 것이 사실이다. 그러나 안정적인 면에서는 공무원만한 직업을 찾기가 쉽지 않다. 특히 내가 했던 세무공무원은 힘 있고 돈 잘 버는 자리처럼 보이므로 그 자리를 얻기 위해 노력하는 이들이 많을 수밖에 없다.

그러나 내가 막상 그 자리에서 일해 보니 그곳은 내가 있을 곳이 못 된다는 것을 알게 됐다. 이유는 단 하나였다. 성장가능성과 창조성이 결여된, 동기 부여가 되지 않는 조직이기 때문이다. (모든 공무원 조직이 그러하다는 것이 아니다. 혹여 열심히 일하고 계신 다른 공무원들에게 누가 되지 않기를 바란다.)

공무원 시절, 연공서열에 의해 진급이 결정되니 아무리 열심히 일해도 그만큼 돌아오는 대가가 없었다. 오히려 너무 열심히 일하다가 감사에 걸려 징계를 당하는 사례를 종종 볼 수 있었다. 누가 그랬던가, "유리창 깨질까 겁나니 유리 닦지 말라고".

세무대학을 졸업한 후 국가의 무상교육에 따른 의무복무 기간 5년을 채우고 공무원을 그만두려고 생각했다. 그런데 세무전문가로 일하는 데에는 5년 동안의 경험이 너무 부족해 보였다. 그래서 나름대로 사회에서 살아갈 수 있는 길을 찾기 시작했다.

먼저 사람들이 세무공무원에게 가장 필요로 하는 것이 무엇인지 알아보았다. 주변사람들에게 "세무공무원에게 가장 묻고 싶은 세무관련 질문이 무엇이냐?"고 물었더니 대체로 "집 팔면 세금이 얼마나 나오나?", "어떻게 하면 세금을 줄일 수 있는가?"라는 질문들이 나왔다. 사람들이 궁금해 하는 세금은 역시 자신의 재산과 밀접한 관계가 있는 재산세와 양도세였다.

나만의 전문 분야를 특화하다

그러나 막상 그 분야로 뛰어들려고 하니, 사회가 그리 만만하지 않다는 것을 알게 되었다. 내로라하는 선배들이 이미 관련 분야에서 명성을 쌓고 길을 잘 닦아 고속질주하고 있었던 것이다. 그때 문득 창과 방패라는 의미의 '모순' 이란 단어가 떠올랐다. 세상에는 절대적인 것이 없기에 모순이 존재하는 것 아니겠는가.

이렇게 생각하니 도전해도 되겠다는 강한 의욕이 생겼다. 그래서 '틈새시장' 을 찾아보기로 했다. 밖에서 볼 때는 절대로 뚫을 수 없을 것처럼 보이는 철옹성도 막상 그 안에서 살펴보니 틈새가 많았다. 즉, 반대의 입장에서 연구해 보니 여러 가지 길이 보였던 것이다.

나는 재산에 관련된 세금 중에서도 아주 미세한 부분을 특화했는데, 바로 상속과 증여 분야다. 이 부분은 전문가라고 내세울 만한 사람이 없었다. 그래서 이 분야를 특화하면 힘들게 싸울 필요 없이 무혈입성도 가능하다고 판단했다. 나는 상속과 증여에 대해 아주 깊이 연구하기 시작했다.

상속과 증여는 세법에서도 다루지만 그 정도로는 부족했다. 그래서 상속과 증여를 규정하고 있는 민법에 대해 많이 연구했다. 그리고 대법원의 판례와 국세청의 유권해석 등을 사례별로 연구해, 어떻게 하면 이기는지 그 방안을 찾는 데 주력했다. 국세청에 있을 때도 이와 관련된 업무를 보는 부서로 이동해서, 실제 전쟁터에 나간 장수처럼 직접 조사도 하고 의심스러운 부분은 직접 해결책을 찾아내기도 했다.

월급쟁이가 직장을 그만두고 사업이나 장사를 하겠다고 나서는 경우가 있다. 그러나 사표를 내기 전에 꼭 하고자 하는 일에 대해서는 이론과 실무를 완벽하게 알고 있어야 한다.

기계가 어떻게 만들어지고 어떻게 움직이는지 알면 어딘가 고장났을 때 즉시 수리해 수습할 수 있지만, 운전만 배웠다면 차가 멈췄을 때 어찌할 바를 몰라 허둥댈 수 있다. 따라서 무엇을 하든지 새로운 것을 하기 전에 그 일에 대해 완벽에 가까울 정도로 전문가가 되어야 실패할 확률이 적다.

Check Point

가끔 나는 현직 공무원인 동기들에게 "나는 무능해서 진급을 못할까봐 먼저 퇴직했다."라고 장난 같은 변명을 한다. 그러나 사실은 더 큰 목표를 이루기 위해 나 자신을 치열한 경쟁사회로 내몬 것이다.

일반 직장인도 그저 편하게 직장생활을 할 생각이라면 그냥 머물러 있으면 된다. 하지만 편안함을 추구하고 경쟁이나 도전의식이 없는 사람이 성공할 확률은 그리 높지 않다. 처음부터 성공한 자리에 있거나 돈 많은 집안에 태어난 것이 아니라면, 성공할 방법은 단 한 가지뿐이다. 지금의 자리에 연연하지 말고 좀 더 나은 곳을 향해 최선을 다해 길을 찾는 것이다.

chapter ... 03

정보의 가치를 인정하고 충분히 보상하라

사람은 돈이고 힘이고 정보다. 만약 당신이 아파트에 당첨돼 오늘 오후 3시까지 은행에 당첨권과 함께 계약금을 지불해야 한다고 가정해 보자. 2시에 은행에 계약금을 내기 위해 방문했는데, 사람이 너무 많아서 적어도 두 시간은 기다려야 될 것 같다. 마침 그날 3시에는 관심이 많았던 부동산 경매 일정이 있어 응찰하려고 계약금도 준비해 둔 상태다.

당초 계획은 은행에 가서 아파트 당첨 계약금을 지불하고 바로 경매장으로 가려고 했던 것인데, 사람이 많아서 둘 중 하나를 포기해야 하는 상황인 것이다. 어느 것을 포기할까 고민하던 중 은행창구 안쪽에 평소 알고 지내던 이모씨가 있는 것이 아닌가! 그래서 이씨에게 사정을 설명하고, 접수가 다 끝난 다음에 마지막으로 자신의 것을 접수해 달라고 부탁한 뒤, 경매장으로 발걸음을 옮겼다. 다행히 부동산 경매에 낙찰이 되었고 큰돈을 벌게 됐다.

이는 물론 극단적인 사례이긴 하지만 만약 이씨를 알지 못했다면 아파트나 경매를 포기해야 한다. 돈을 벌 수 있는 아까운 기회를 놓치는 것이다. 이처럼 사람은 돈이고 힘이다.

남이 인정하지 않는 사람이라도 나는 인정하자. 잘난 척, 있는 척, 아는 척 하는 사람을 그대로 '잘났다', '부자다', '많이 안다' 고 인정해 주자. 세상에는 잘난 척하고 있는 척하려는 사람이 많다.

예컨대, 2000cc 차를 구입해놓고 남들에게 과시하기 위해 2500cc인 것처럼 위장해 마크를 달고 다니는 사람이 있다. 그런 사람은 주위에 친한 사람이 없어서 항상 외롭다. 그리고 이를 극복하기 위해 더욱 허풍과 거짓으로 꾸미는 악순환을 거듭한다. 당신이 부자가 되기를 원한다면 이런 사람도 인정해 줄 필요가 있다. 업무나 거래 관계를 떠나 인간적인 관계만 유지한다면 결코 손해를 보거나 낭패를 당하는 일은 없을 것이다.

정보의 가치로 수익의 절반을 나누다

부자가 된 어느 사람의 얘기다. 그 사람은 정보를 얻고 나면 꼭 사례를 했다. 예를 들어, 어느 날 아는 건설회사 사장이 "우리 회사에서 A지역에 대규모 아파트 사업을 하려고 하니 주변 부동산을 사두면 좋을 것 같다."라는 정보를 준다고 하자. 그러면 부동산을 산 후, 어디를 얼마나 주고 샀는지 정보를 준 사람에게 알려주고, 팔 때는 언제 얼마에 팔았는지 반드시 알려준다.

대금이 정산되면 그날 밤 정보제공자를 찾아가 그동안의 거래내역을 알려주고 이익금의 50%를 준다. 물론 상대방은 이익의 50%까지 기대하지는 않았을 것이다. 하지만 전적으로 정보제공자의 정보를 이용해 돈을 벌었다면 그 정도는 사례할 수 있다. 더군다나 정보를 얻은 사람만 돈을 많이 벌게 되면, 정보제공자는 배가 아파서 그 다음부터는 정보를 주고 싶지 않을 것이다. 정보를 준다고 해도 별로 이익이 나지 않을 정보를 줄지 모른다. 따라서 이익의 50%를 과감하게 포기함으로써 정보를 준 상대방에게 뜻밖의 '선물'을 주는 동시에, 상대방이 시기할지도 모르는 상황을 미리 막았던 것이다.

이 효과는 대단하다. 상상해 보라. 만약 당신에게 돈이 되는 정보가 있다면 누구에게 줄 것인가? 이익의 50%를 돌려주는 사람에게 줄 것인가? 아니면 이익을 나누지 않는 친척이나 친구에게 줄 것인가? 세상은 냉정하다. 한번은 인간적인 면으로 접근할 수 있지만 그 다음부터는 인간적인 끈만으로는 다가갈 수 없다.

주식투자를 하는데, 만약 어떤 작전세력이 당신에게 정보를 주면서 이익금의 20%를 달라고 했다고 가정하자. 당신은 이익금 20%를 주는 것이 아까워서 당신 명의로 1억 원을 투자해놓고, 작전세력 모르게 다른 사람 명의로 2억 원을 별도로 투자했다. 그러면 당장은 더 많은 돈을 벌게 되겠지만, 다음 번에는 상황이 분명히 다를 것이다.

다음에 또 그런 상황이라면 작전세력은 생각지도 않은 곳에서 투자가 들어온 것을 경계해 미리 발을 뺄 것이다. 그리고 당신이 투자한 1억 원에 대해서만 원금을 보장해 주고 나머지는 반토막이 나든 깡통이 되든 상관하지 않아 결국 손해를 볼 수 있다. 만일 그 작전세력이 당신이 속임수를 쓰고 있다는 걸 알았다면 다음에는 정보를 주지 않거나 역정보를 줘서 손해를 줄 수도 있다.

따라서 정보의 가치는 제대로 인정해 주어야 한다. 그러면 시기나 질투의 대상이 되지 않아 맘 편하고, 상대는 계속 당신에게 정보를 제공할 것이다.

Check Point

당신이 사회에 갓 나온 상태라면 아직 재테크를 하거나 투자할 여력이 없을 것이다. 그렇다면 정보를 수집하라. 정보수집에는 발품이 필요한 것이지, 돈이 필요한 것이 아니다. 그리고 투자정보를 부자에게 제공하고 그 대가를 얻도록 하라. 당신이 가진 정보가 충분히 가치가 있다면, 그리고 상대가 안목이 있는 부자라면 당신에게 기꺼이 대가를 치를 것이다.

chapter...04
세상에 안 되는 건 없다

나는 고등학교 졸업앨범이 없다. 졸업앨범을 살 형편이 안 되었기 때문이다. 지금이라도 고등학교 졸업사진을 한 번쯤 보고픈 바람이 있지만, 차마 친구들에게 그 사진을 보여달라고 말할 용기가 나지 않는다.

2008년 1월 대전지방국세청에서 강연 요청이 왔다. 그때 강연장에서 만난 고등학교 친구를 보면서 옛 생각을 떠올리게 되었고, 그 친구에게 감사하다고 말했다. 친구는 별 기억이 없다고 했지만 나에게는 고마운 추억이 하나 있기 때문이다.

내가 대전에서 고등학교를 갓 졸업했을 때다. 교복을 벗고서 입을 사복이 없어 고민한 적이 있었다. 그때 지금 대전에 공무원으로 있는 그 친구 집으로 찾아가 옷걸이에 걸려 있던 가을용 하늘색 셔츠

하나를 빼다시피 얻어 입었다. 그 옷으로 그해 추운 겨울을 보냈던 기억에 늘 미안하고 고마웠다. 강연 후 친구에게 고맙다고 말하니 마음이 편해지면서 서러움이 치밀어 올라 애꿎은 소주잔을 비웠다.

부모님은 내가 고등학교를 졸업할 당시 고향을 도망치다시피 떠나 부산에서 살고 계셨다. 졸업하고 얼마 후 부모님을 찾아갔다. 하지만 부모님과 함께 월세방에 사는 것은 고역이었다. 한 방에 누우면 머리와 다리가 벽에 닿아 약간은 웅크리는 자세로 잠을 청해야 했다. 워낙 방이 작아서 자다가 조금이라도 움직이면 곤히 잠자는 옆 사람을 깨우기 일쑤였다.

부모님이 대학 입학금을 대줄 형편이 안 된다는 것은 이미 알고 있었다. 결국 나는 진학을 미루고 일단 돈을 벌기로 했다. 그러나 아무 것도 모르는 풋내기를 받아줄 곳은 그 어디에도 없었다. 아는 사람이 한 명도 없던 객지생활은 정말 막막했다.

놀이기구를 조립하여 돈을 벌다

일자리를 이리저리 알아보던 중 월부 책장사를 하게 되었다. 양복이 없어 아버지의 양복과 와이셔츠에 넥타이를 매니 소매와 바지가 짧아서 얻어 입은 티가 금방 났다. 그런 옷을 입고 한 달을 독하게 장사하자, 당시 나에게는 거금이라 할 수 있는 9만 원이 생겼다. 그리곤 일을 그만두었다. 전망이 전혀 없고 사람 속이는 기술을 배우는 것 같았기 때문이다.

그 돈으로 무엇을 할까 고민하며 이곳저곳을 찾아 헤매고 있을 때 눈에 확 들어오는 것이 있었다. 바로 동네에서 아이들을 상대로 장사하는 놀이기구였다. 리어커 한 대에 큰 말 다섯 마리를 얹고 천막을 친 다음 아이들이 좋아하는 동요를 틀 녹음기만 있으면 되는 것이었다. 이 장사를 하는 사람들은 대체로 나이가 드신 분들이다 보니, 높은 곳에는 기구를 끌고 갈 엄두를 못내 평지에서만 장사하고 계셨다.

속으로 '저 정도를 만드는 데 9만 원이면 되지 않을까? 그리고 나는 젊으니까 저분들이 못가는 높은 곳으로 가면 돈을 더 벌 수 있을 거야.' 라고 생각하고, 놀이기구 장사를 하고 있던 사람에게 여러 가지를 물어봤다.

"이런 놀이기구를 만들려면 얼마나 줘야 하나요?"

"어, 이거 35만 원 주고 샀지. 왜, 총각이 해보려고?"

"아니요. 저희 아버지가 한번 해보시려고 해서요. 벌이는 어느 정도 되나요?"

"10분에 100원을 받는데, 하루에 5천 원 정도 벌어."

어르신이 하루 5천 원을 벌면 젊은 나는 1만 원 이상 벌 수 있을 거라 생각했다. 한 달이면 30만 원, 이 정도면 대학을 나온 사람보다 소득이 더 많았다. 잘하면 돈을 모아 1년 안에 부모님 전셋집도 장만하고 대학에 갈 돈도 마련할 수 있겠다는 계산이 섰다. 그러나 문제는 수중에 9만 원밖에 없다는 것이었다.

35만 원을 만들려면 어디든 일하러 다시 나가야 했다. 그러면 수개월이나 걸리는데, 그러다 보면 다시 대학입시 시기를 놓쳐 한 해를 더 늦추어야 했다. 그런 생각에 이르자 '이가 없으면 잇몸으로 산다.' 는 속담을 떠올리고, 어떻게든 반드시 놀이기구 장사를 해야겠다는 의지가 생겼다.

그래서 직접 놀이기구를 만들기로 마음먹고 재료를 구하러 다니기 시작했다. 재료를 구하는 값도 20만 원이나 되었다. 생각 끝에 남들이 다 하는 그런 놀이기구가 아니라 나만의 놀이기구를 만들기로 했다. 그리고 물품 중 가장 비싼, 말을 대신할 용품을 찾아 시장을 뒤지기로 했다.

하루 종일 이리저리 다니다 보니 동네에서 아이들이 장난감 말을 타고 씽씽 달리는 것이 보였다. 저거면 되겠다 싶어 장난감 가게에 들러 값을 물어보았는데 몇 천 원이면 충분했다. 비록 큰 말에 비해 초라해 보였지만 다른 놀이기구와는 전혀 다르고, 아이들이 가지고 놀던 말에서 바퀴만 빠졌으니 더 친근할 것이라고 생각했다.

우선 중고 리어카를 사서 페인트를 칠하고 알록달록한 비닐 천을 사서 재단하여 지붕으로 얹었다. 거기에 철물점에 가서 못 쓰는 스프링을 구입해 절단하여 리어카와 말에 붙여 놓고 나니 그럴 듯한 놀이기구가 됐다. 들어간 비용은 9만 원이 조금 안 되는 돈이었다.

그냥 다른 사람들처럼 놀이기구를 사서 장사해야 했다면, 돈이 없던 나로서는 도저히 할 수가 없었던 거창한 사업이었다. 그러나 어떤 일이라도 정말 하고자 하면 방법을 찾아낼 수 있다. 그런 도전정신은 지금의 나를 있게 해준 원동력으로, 아무 것도 없이 사회생활을 시작했던 나에게 아직도 큰 교훈으로 남아 있다.

사람들 대부분에게 시작하는 여건은 그리 만만하지 않다. 모든 걸 준비하고 시작하는 경우는 드물다. 게다가 경쟁상대는 이미 뭔가 갖추어져 있고 어느 정도 기반이 되어 있는 경우가 많다.

그렇다고 포기하고 뒤로 물러나 있을 수는 없지 않은가. 방법은 단 하나, 하려고 하는 강한 의지를 가슴 깊이 품고 이를 해결하기 위한 연구와 노력을 멈추지 않는 것이다.

Check Point

무언가를 하려고 할 때 체면을 따지거나 "내가 이 따위 일을 하나."라는 자만심은 버려야 한다. 귀하게 대접받기 위해서는 스스로 자신이 귀해져야 남들에게서 원하는 대접을 받을 수 있다. 남들로부터 저절로 대접받을 수 없다는 것을 인식하고, 체면을 버리고 무엇이든 시작하려는 강한 의지가 필요하다. 세상은 이미 기득권자가 다 자리잡고 있는 것처럼 보이지만, 조금만 더 깊이 생각하고 관찰하면 자기만의 세상을 만들어 갈 틈새가 반드시 있다.

chapter ...05

부자가 되기 위한 준비 3.3.4 전법

부자가 되기 위해서는 먼저 부자가 되기 위한 기초 체력을 갖춰야 한다. 그래야만 나뿐 아니라 후손에게도 대물림되는 부자로 남을 수 있다. 부자가 되기 이전에 자신의 현재 수입을 고려해 부자가 될 수 있는 기초로, '씀씀이의 포트폴리오'를 짜는 방법인 '3.3.4 전법'을 소개한다.

● 3.3.4 전법 중 4는 무엇일까?

월수입의 4할은 생활비로 사용한다. 어떤 경우에도 4를 넘으면 안 된다. 물론 사람에 따라 수입이 각기 다르므로 4할로 버티기가 쉽지 않을 수도 있다. 그렇다 해도 4할을 넘어서는 안 된다.

1천억 원을 가진 이북 출신 부자가 있다. 한번은 그 사람을 만났는데, 마침 점심시간이라서 나를 중국집으로 안내했다. 나는 내심 '오늘 근사한 요리 한 그릇 먹겠다.' 하고 크게 기대했다. 그런데 그분은 자리에 앉자마자 "어이 주인장, 여기 간짜장 한 그릇." 하는 게 아닌가! 그러면서 나에게 "간짜장 좋아하지요?"라고 물었다. 나에게 먼저 "뭘 드시겠습니까?"라고 물어봤다면 분명 간짜장은 아닐 것이므로, 우선 주문하고 동의를 구한 것이다.

그런데 자기는 음식을 주문하지도 않았다. 내가 "같이 식사하시지요." 하니까 그제야 "속이 좀 메스꺼워서. 여기 짬뽕 국물 한 그릇 줄 수 있나?"라고 말했다.

식사를 마치자, 그분은 극구 자신이 계산한다며 3천 원을 내고 음식점을 나왔다. 나는 속으로 자린고비라 욕했지만 나중에 왜 그리했는지를 알고 그분을 충분히 이해하게 되었다. 그분은 점심식사에 3천 원 이상을 쓰지 않는다고 했다. 어떤 경우라도 3천 원으로 점심을 해결하는 것이 습관이란다. 그런 철두철미한 돈 관리가 그분을 부자로 만들지 않았나 싶다.

생활비로 겨우 4할을 쓴다고 하면 구두쇠가 되지 않을까 걱정되기도 한다. 그러나 돈은 쓰는 방법에 따라 전혀 다른 결과가 나온다는 것을 알아야 한다.

예를 들어, 외식습관을 바꿔보는 것이다. 보통 매주 하는 외식을 한 달에 한 번만 하되, 이때만큼은 정말 고급으로 한다. 먼저 자녀들 앞에서 아버지가 좋은 곳을 골라 전화로 예약한다. 갈 때는 자녀들에게 가장 좋은 옷을 입히고 부모도 정장을 입는다. 그리고 택시나 자가용을 이용하여 식당에 간다. 도착하면 기다릴 필요 없이 가장 좋은 자리가 예약되어 있다. 음식까지 미리 주문하였다면 곧바로 최상의 서비스를 받으면서 우아하게 식사할 수가 있다. 이런 것을 경험한 아이들은 돈을 벌고자 하는 욕구가 강해지고, 돈이 필요할 때 적절히 쓸 줄 아는 사람이 될 것이다.

정해진 범위 안에서는 다양한 방법으로 아낌없이 돈을 써라. 아껴도 써 보고 최고로도 써 보라. 다만 잊지 마라. 자신이 사용할 수 있는 돈은 오직 4할의 범위 안에 있다는 것을. 이것을 넘어서면 부자는 영원히 될 수 없다.

● 3.3.4 전법 중 앞의 3은 무엇을 뜻하나?

아는 사람 중 유독 당당하게 삶을 살아가는 사람이 있다. 이유가 궁금해서 물어보니 노후가 완벽하게 준비돼 있기 때문이란다.

수입 중 3할은 55세 이후를 위한 준비에 투자해야 한다. 바로 노후를 위한 것이다. 사회생활을 하는 사람들은 누구나 퇴직 후를 준비해야 한다. 어쩌면 그것이 경제활동의 최종 목표일지도 모른다.

이제는 사회생활, 사고방식이나 윤리의식이 변하고 있다. 자신의 노후는 스스로 책임져야 할 시기가 온 것이다. 힘이 없어 사냥하지 못하는 사자는 스스로 죽음을 택한다. 인간도 어떤 선택을 하느냐에 따라 죽음보다 못한 노후를 맞기도 있다.

살다 보면 회사에서 퇴출 당하는 경우도 있고 사업에 실패할 수도 있다. 반대로 회사에서 정년까지 열심히 일할 기회가 주어지는 경우도 있고, 사업이 잘되어 쉴 틈이 없을 경우도 있다. 그러나 삶은 한정되어 있다. 또 나이가 들면 체력이 떨어질 수밖에 없으니 무작정 성공할 때까지 마냥 노력하고 뛸 수는 없다. 55세 이후에는 시간적, 경제적 여유를 갖고, 자신이 미뤘던 꿈을 위해 정열과 시간을 쏟을 수 있는 여건을 만들어 놓아야 성공한 인생이라 할 수 있다.

그렇다면 노후를 대비하여 구체적으로 뭘 하면 좋을까?

– 개인연금에 가입해라

나이가 들면 돈이 많아도 함부로 쓰지 못한다. 그런데 만약 매달 일정한 금액이 들어온다면 어떨까? 노인들에게 이런 방식의 자산 운용은 연금이 유일하다.

연금을 받게 되면 받는 날이 기다려지고, 그날에는 친구에게 한잔 사기도 하고 식사라도 같이 하면서 사는 맛을 즐길 수 있다. 공무원이라면 어느 정도 연금혜택이 있으니 별도로 연금에 가입할 필요는 없다. 하지만 국민연금에만 가입한 사람은 얼마라도 개인연금에 가입해 매달 연금을 받는 즐거움을 가져보기 바란다.

– 부동산에 투자하라

우리나라 부동산 추세를 보면 IMF 시절에만 뒷걸음쳤을 뿐 다시 상승세를 보이고 있다. 부동산에 투자하면 장기적인 투자수익을 기대할 수 있을 뿐 아니라 월세를 받아 노후에 생활하는 데 별 무리가 없다.

부동산에 투자할 때 전문가들은 세 가지 요건을 검토하라고 한다. 환금성, 수익성, 장래 이익이 있는지 따져보라는 것이다. 아무리 좋은 땅이라고 해도 팔리지 않으면 현금화 할 수 없으니, 팔고자 할 때 바로 팔 수 있는 부동산이 가장 좋다. 그리고 투자한 부동산에서 투자수익이 금리 이상으로 나올 수 있어야 한다.

마지막으로 언젠가 팔았을 때 많은 수익이 있어야 한다. 이런 조건에 맞는 부동산에는 월 수입의 30%를 계속 투자할 가치가 있다. 이해를 돕기 위해 좀 더 자세히 알아보자.

일반적으로 부동산에는 목돈이 필요하기 때문에 투자하기가 어렵다고들 생각한다. 그러나 생각을 조금만 바꾸면 큰 덩치의 부동산도 살 수 있다. 예를 들어, 월 수입이 300만 원이라고 하자. 이때 대출로 3억 원짜리 부동산을 구입한다. 대출이자는 어떻게 갚느냐고? 3억 원짜리 부동산에서 발생하는 월세 300만 원과 본인 수입의 30%(90만 원)를 합해 지급한다면 큰 문제가 아니다.

문제는 이자로 지출하는 90만 원이 아깝게 느껴진다는 것이다. 그러나 잘 생각해보자. 만약 20년 뒤 정년퇴직을 한다고 할 때, 퇴직금으로 2억 원을 받아 금융기관에 예금하고 이자를 받아쓰면 과연 얼마나 될까? 그것으로 노후생활을 할 수 있을까? 그러나 20년 전에 3

억 원을 주고 부동산을 사 두었다면 비록 20년 동안 이자는 꼬박 꼬박 내겠지만, 매년 오르는 월세를 조금씩 저축해 20년 동안 대출금 중 2억 원 정도는 갚을 수 있게 된다. 그리고 부동산 값이 10억 원 정도가 되어 월세가 1천만 원 정도 나올 수도 있다. 따라서 퇴직금으로 받은 2억 원 중 1억 원은 대출 갚는 데 사용하고 나머지 1억 원은 여행자금으로 사용할 수 있다.

'자본의 레버리지 효과' 라는 말이 있다. 예를 들어, 어떤 사람이 5천만 원짜리 45평 아파트를 금융부채 없이 자기자본으로만 한 채 사 두었다면, 그 집이 현재 10억 원이 간다 해도 그저 집 한 채 갖고 있는 효과밖에 없다. 하지만 전세와 금융 부채를 얻어 5채를 사 두었다면 현재 50억 원이 되어 40억 원을 버는 효과가 있다.

부담할 수 있는 이자 범위 내에서는 부채를 감수하고 투자하는 것이 더 큰 효과를 얻을 수 있는 것이다. 그러나 어디까지나 자신이 '부담할 수 있는 범위' 안에서의 부채여야 한다.

– 주식에 투자하라

요즘은 주식투자를 많이 한다. 그런데 주식을 사게 되면 그날부터 온통 주식에 관련된 신문이나 전광판 그리고 뉴스에 신경을 곤두세운다. 주가가 떨어지면 한숨을 짓고, 올라가면 웃음을 머금고 언제 팔까 고민한다. 하루라도 사고팔지 않으면 상대적으로 손해를 본다고 느껴서인지, 사고팔기를 반복하다가 결국 손해를 본다.

그러나 지금 얘기하는 주식투자는 그런 방법이 아니다. 사람과 원숭이에게 각각 1천만 원 상당의 주식을 사 주고 10년 뒤 얼마나 벌었나 봤더니, 사람은 원금을 다 날려버린 반면 원숭이는 몇 배를 벌었다는 우스개가 있다. 그 이유는 사람은 계속 사고팔았지만 원숭이는 사고팔 줄을 몰라 그냥 가지고 있었더니 주가가 많이 올라 있었다는 것이다.

물론 이 말에 이의를 제기하는 사람도 있을 것이다. 가지고 있었더니 회사가 망해서 휴지조각이 됐다고. 장기투자를 할 때는 망하지 않을 회사를 잘 선택해야 한다. 투자는 전문가와 상의하고 결정해야 한다. 사람이 돈이고 힘이고 정보라고 하지 않았던가.

주식투자를 하겠다면 월수입의 3할로 주식을 산다. 그리고 절대로 팔지 않는다. 정년퇴직 이후에 필요할 때 팔겠다고 생각해야 한다. 그러면 주식이 오르내리더라도 전혀 동요하거나 걱정할 이유가 없다. 그렇다고 정년까지 안고 갈 필요는 없다. 가격이 두세 배가 되면 파는 것이다. 그리고 예금해 두었다가 그 주식이 예전 가격으로 떨어지면 다시 사 둔다. 그러다 보면 배당금이 쌓이고 매매 차익도 쌓여 예금할 때보다 더 큰 수익을 거둘 수 있다. 미국에서는 이렇게 주식투자를 하여 퇴직 후에 원금의 16배가 적립된 사례도 있다.

● 3.3.4 전법 중 가운데 3은 무엇을 의미하나?

현재의 생활을 위한 4할의 지출과 55세 이후 노후를 위한 지출 3

할에 대해 말했다. 그렇다면 나머지 3할은 과연 무엇을 위해 사용해야 하나? 이 3할은 짧게는 1년에서 길게는 3년을 내다보고 세운 계획에 필요한 저축을 하는 데 사용한다. 살다 보면 생각지도 않은 일이 발생할 수 있고 아니면 계획한 곳에 돈을 사용해야 할 수도 있다. 예를 들어, 1년 뒤 차를 바꾼다든지, 2년 뒤 전세금을 올려 준다든지, 자녀를 유학 보낸다든지 하는 것 등이다.

보통은 5년 혹은 10년짜리 장기 계획을 세우는 경우가 많다. 그러나 이제는 경제의 순환주기가 너무 빠르다. 저축을 3년 이상으로 하면 경제흐름을 따라가지 못하고 손해를 볼 가능성이 크다. 저축하는 기간의 단위는 1년이 좋다. 이율이 제일 높은 곳을 택하되 안전성을 가장 먼저 고려해야 한다.

계획에 있어 1년은 중요한 것이다. 한 번 잘못되어 1년을 손해 보게 되면 정년을 한 살 더 늦춰야 하는 불행이 생길 수 있다. 원금을 보장하는 상품과 금융기관을 선택하는 것이 가장 중요하다.

Check Point

부자를 향해 가는 길에서 '3.3.4 전법'은 신중하게 살펴볼 필요가 있다. 현재의 생활을 위한 4할의 지출, 가까운 미래를 대비한 3할의 지출, 그리고 노후를 위한 3할의 지출은 삶을 장·단기적으로 살피면서 수익을 적절하게 배분하는 방식이다. 현재가 아무리 중요하지만 노후를 무시할 수는 없고, 현재와 노후를 잇는 가까운 미래 역시 생각해 두고 있어야 한다. 즉, 균형 잡힌 삶을 위한 지출방식이 바로 3.3.4 전법인 것이다.

chapter ...06

부의 축적에도 유행이 있다

어느 중소 건설업체에 김지연이라는 아가씨가 있다. 그녀는 매주 머리를 만지고 피부관리를 받고 있으며, 옷은 철철이 최신 유행 스타일을 따라 기가 막히게 차려 입고 다닌다.

더군다나 노래방에 가면 최신 노래를 다 알고 있고 춤까지 잘 춘다. 회식에 적당한 음식점을 찾을 때는 그녀에게 물어보면 된다. 요즘 젊은이가 자주 찾는 곳이나 맛있고 유명한 곳은 귀신처럼 알고 있기 때문이다.

이러다 보니 회사 내에서 인기가 최고였고, 그 소문은 거래처인 대형 건설업체에도 퍼져나가 그들의 회식자리에 초대되곤 했다. 그런 자리에서도 단연 돋보이는 차림새로 많은 사람의 호감을 샀다.

나중에 그녀는 대형 건설업체 소속 어느 총각의 구애로 결혼했다고 한다. 이처럼 유행에 맞추어 옷을 멋지게 입고 행동하는 사람은 어디서든 눈에 띄게 마련이다.

그런데 옷차림이나 헤어스타일, 춤, 노래에만 유행이 있는 게 아니다. 모든 것에는 다 유행이 있다. 재테크를 보면 어느 연도에는 코스닥 주식이 대박을 터트리는가 하면, 어느 연도에는 부동산이 돈 벌어주는 효자가 되기도 하고, 어느 연도에는 채권투자에서 쏠쏠한 재미를 본다.

재테크 유행에 민감하게 반응해 먼저 돈을 번 다음, 그 돈으로 진정한 멋쟁이가 되어 보자. 유행이란 금방 바뀐다. 유행을 제때 따라가지 못하면 어색한 모습의 촌스런 모양새가 될 수도 있다.

다른 사람의 투자법을 무조건 따르지는 말라

재테크에서도 제때 유행을 따르는 자만이 높은 수익을 얻을 수 있다. 남이 하니까 나도 한번 해보자 하는 식으로 투자하면, 결국 떨어진 나락을 줍는 것처럼 적은 수익을 얻든지 아니면 손해를 볼 수도 있다.

예를 들어, 중국, 인도 등에 대한 투자가 막 시작됐을 때, 이것이 트렌드라는 것을 눈치 챈 투자가들은 일찍 펀드 등에 가입해 1년에

150~200%의 수익을 얻었다. 조금 늦게 시작한 사람들도 50~ 90%, 마지막 기회를 잡은 사람들도 20~30%의 수익을 올렸다.

하지만 이 투자 유행의 막바지에 합류한 사람들은 손실을 10% 이상 보고 있다. 물론 장기적으로 본다면 적자에서 흑자로 돌아설 기회가 있지만, 지금 당장 적자를 보는 신세가 된 건 바로 유행을 제때 따라잡지 못했기 때문이다.

주식 속담에 "소문에 사고 뉴스에 팔아라."는 말이 있다. 이 또한 유행에 민감하게 반응해서 발빠르게 유행을 따르고, 이미 지나가는 유행은 빨리 포기하고 새로운 트렌드를 추구하라는 것이다.

부동산 또한 마찬가지다. 많은 사람이 아파트 투자에 달려들고 있을 때 상가나 임야를 산다면, 유행에 따른 투자이익을 얻을 수 없는 것이다. 대신 세상 돌아가는 상황을 잘 보고 발빠르게 감을 잡아 먼저 투자한다면 큰 이익을 얻을 수 있다.

오늘부터라도 경제신문을 한 종류 이상 구독하라. 그러면 경제가 어떻게 돌아가고 어떤 것이 요즘 유행하고 있는지를 알 수 있다. 특히 신문이나 방송에서 소개하거나 금융기관 등의 전문가가 나와서 추천하는 상품을 눈여겨보라.

물론 투자할 때는 반드시 금융기관 두세 곳을 찾아가서 그들의 의견을 들어본 뒤에 결정하는 것이 좋다.

그리고 한 가지 주의사항이 있다. 과거에 다른 사람이 수익을 낸 방법을 무작정 따라 해서는 안 된다. 과거가 현재와 맞아 떨어지기도 어렵고 그 사람의 환경이나 경험 그리고 투자 여력이 자신과 다르기 때문에, 무작정 '성공사례'를 좇다 보면 마치 빌려 입은 양복과 같이 자신과는 맞지 않을 수가 있다.

Check Point

유행을 민감하게 따라가기 위해서는 무엇보다도 빠른 정보력이 관건이다. 정보를 빨리 얻으려면 경제 관련 소식을 매일 한 시간 이상 접해야 한다.
어떤 사람들은 경제이야기만 나오면 어렵다며 아예 외면한다. 신문에서 사회 · 정치면이나 연예오락면만 보고, TV는 드라마나 예능프로를 즐겨보는 사람은 결코 유행에 앞설 수 없다.
오늘부터 하루 1시간 이상 '경제'와 같이 지낸다면 유행을 앞서가는 사람이 될 수 있을 것이며, 결코 남이 돈 벌었다는 소리에 배 아파하는 일은 없을 것이다.

chapter ... 07

부자를 만드는 대출, 서민으로 남게 하는 대출

한 TV 드라마에 이런 장면이 있었다. 사채업을 하는 아버지가 신용카드로 자신의 동맥을 끊고 자살하면서 "절대 신용카드를 쓰지 마라."고 유언을 남긴 것이다. 그만큼 빚이 죽음보다 무섭고 살아가는 데 무거운 압박을 주는 것임엔 틀림없다.

하지만 정상적으로 쓴다면 신용카드만큼 요긴한 수단이 없다. 무이자로 물건을 살 수도 있고 번거롭게 현금을 갖고 다니지 않아도 된다. 사용기록이 남기 때문에 지출계획을 세우는 데도 유용하다. 그러나 무분별하게 사용한다면 "외상이면 소도 잡아먹는다."는 속담처럼 신용불량자로 낙인 찍히고 민·형사상 책임을 지는 불행을 겪을 수도 있다. 마찬가지로 사업가들은 어음의 장점을 잘 알고 있지만 이를 악용하거나 생각 없이 활용하다가 부도를 내기도 한다.

이 모든 것은 제도의 좋은 점을 활용하지 못하고 악용하거나 무분별하게 사용한 결과다. 누구를 탓하거나 제도가 나쁘다고 욕할 것이 아니고 결국 스스로 책임져야 할 문제다. 즉, 계획적으로 신용카드나 어음 등을 활용한다면 자신의 능력보다 몇 배 더 큰일을 할 수 있고 경제적 이익을 얻을 수 있다.

어느 기업광고에서 "우리 회사는 무차입 경영을 실현하고 있는 기업입니다."라는 문구를 본 적이 있다. 그렇다면 차입경영을 하는 즉, 은행 등에서 돈을 빌려 사업을 하는 업체는 좋은 기업이 아니라는 말인가.

물론 그런 뜻이 아니라는 것은 알고 있지만 조금이라도 경제를 공부한 사람이라면 별로 좋은 광고 카피는 아니라고 생각할 것이다. 그 이유는 경제라는 것은 규모의 경제이고, 그 규모의 경제에 있어서 '자신이 부담할 능력이 되는 범위 안에서의 부채는 곧 나의 자본이다.' 라는 기본 이론을 간과했기 때문이다.

감당할 수 있는 부채는 곧 투자다

만약 49평방미터(15평) 아파트와 82평방미터(25평) 아파트를 분양받을 권리가 있다고 가정해 보자. 내가 가진 돈이 적다고 해서 부채 없이 49평방미터 아파트를 사는 것이 좋을까? 아니면 약간의 부채를 얻어 82평방미터 아파트를 산 뒤에 전세금 등을 활용해 부채를 갚거나, 매년 소득금액의 일부로 이자와 원금을 갚는 것이 좋을까?

대출을 활용해 82평방미터 아파트를 산다고 해보자. 전세금이 들어올 것이라고 기대한다면 은행 부채는 별 문제가 안 될 것이다. 그러나 직접 살아야 한다면 은행 부채를 어느 정도 감수하고 이자를 부담해야 한다.

그래도 유리한 점이 있다. 일단 종합소득세에서 유리하다. 자격요건에 따라 연간 1천만 원까지 소득공제를 해준다. 또한 원리금을 매달 갚는 것이 약간은 힘들 수 있으나 억지로라도 돈을 모으는 효과가 있고, 집을 팔 때는 넓은 아파트가 수익률이 높다. 이처럼 일거삼득의 효과가 있다.

그럼에도 불구하고 금융권에 부채를 지는 것을 두려워하거나, 생활신조 내지는 부모님의 유훈이라 여겨 이를 피하는 것은 현재 시장경제체제에서의 경제생활과는 맞지 않다.

다만 확실한 투자에 대해 부채를 져야지, 주식투자를 위해 또는 사채를 놓기 위해 부채를 이용하는 것은 아주 잘못된 것이다. 주식시장이 활황이라는 소식에, 주식을 하지 않던 사람들이나 여유자금으로 조금 하던 사람들이 금융권에서 대출을 받아 주식에 투자했다가 깡통계좌가 됐다는 뉴스는 어제오늘의 얘기가 아니다. 이건 투자가 아니라 투기이기 때문에 너무 위험하다.

부자들은 불필요한 부채나 외상을 허용하지 않는다. 예를 들어, 더 좋은 차를 사려고 자동차를 할부로 구입하지 않는다. 할부 구매는 자신의 경제적 능력을 넘어선 지출이다. 이런 구매를 이용하는 사람은 경제 관념이 없어서 나중에 부자가 될 확률이 아주 희박하다.

다시 한 번 강조하는데, 부채를 얻더라도 이자 지급능력이 자신의 매월 소득금액으로 감당할 수 있어야 한다.

Check Point

확실하다고 판단되는 투자는 부채를 감수할 필요가 있다. 자신이 이자를 감당할 수 있는 부채는 '자본의 레버리지 효과'에 입각해 매우 바람직하다. 물론 이자를 지급하는 것은 마치 생살을 도려내는 아픔과도 같다. 하지만 집 나간 소가 새끼를 낳아 다시 집으로 돌아올 때의 기쁨은 그보다 훨씬 크다. 그러니 이자가 두렵거나 아깝다는 생각에 부채를 피할 생각은 버려라.

chapter ... 08

투자는 신중하되 빠르게 결정해야 한다

한때 일본은 '작게 더 작게' 라는 구호로 모든 공산품의 크기를 소형으로 만들어 세계시장을 석권했다. 그렇다면 지금은 세계적으로 어떤 구호가 유행하고 있을까? 바로 '모든 일에 있어서 1초라도 남들보다 빨리 하자.' 라는 것이다.

상품을 개발하는 것도 서비스를 제공하는 것도 남들보다 빨라야 고객을 확보할 수 있다. 제품을 생산할 때도 보다 빠른 시스템을 확보해야 승자로 남을 수 있다. 그래서 사기업뿐만 아니라 공공 서비스 부문에서도 속도전을 하고 있다.

재테크 경쟁도 속도전의 양상을 띤다. 재테크라고 하는 넓은 싸움판에서 돌다리도 두들겨 보고 건너기에는 빠른 판단력과 자금조달로 움직이는 자들을 이길 수가 없다. 그들이 전리품을 챙길 사이, 천

천히 '신중하게'를 외치며 투자기회를 놓친 사람들은 잔칫상에 숟가락 한 번 얹어보지 못하고 남이 흘린 것을 주워 먹어야 할지도 모른다.

기업에서는 점점 결재과정을 단순화하여 의사결정을 신속하게 진행하고 있다. 우물쭈물할 사이가 없다는 것이다. 그러는 사이 이미 다른 경쟁업체는 저 멀리 달아나기 때문이다. 뒤에서 쫓아가는 2인자는 시장에서 성공하기가 쉽지 않은데, 선두자리를 차지하기 위해 '속도'를 무기로 빠른 의사결정을 해야 한다.

빠르다는 것은 말 그대로 주저함 없이 즉시 결정할 수 있는 시스템이 되어 있는 것을 말한다. 군더더기가 붙기 시작하면 흔히 말하는 '요리 재고 조리 재고' 하는 상황이 연출되고, 그러다 보면 시기를 놓치게 된다.

한 번 놓친 기회는 언제 다시 올지 모른다. 게다가 다음 번에 올 때는 수익률이 낮거나 투자조건이 안 좋은 것이 보통이다. 물론 주저 없이 어떤 사항을 결정하기란 그리 쉬운 것이 아니다. 그러나 그 사항에 대해 잘 알고 있다면 충분히 속도를 낼 수 있다.

속도를 위해서는 먼저 판단력이 필요하다. 신속하게 판단하자면 그 영역에 대한 지식과 풍부한 경험이 있어야 한다. 즉, 개인의 스피드는 자신감이나 성격에서 나오는 것이 아니라 투자대상에 대해 얼마나 잘 알고 있는가에 달린 것이다.

첫인상은 불과 1초 안에 결정된다고 한다. 투자도 자기 자신이 잘 알고 있는 분야라면 '된다', '안 된다'를 금방 판단할 수 있을 것이다.

최악의 시나리오를 검토할 것

일단 투자해도 되겠다는 판단이 서면 최악의 시나리오를 생각해야 한다. 투자대상이 전제하고 있는 최악의 결과를 예상해 보고, 그런 상황이 일어날 가능성이 어느 정도인지 신중하게 판단하면 투자 여부를 결정할 수 있게 된다.

예를 들어, ELF 펀드에 가입한다고 해보자. 조건을 보니 매년 기준가 대비 1년 이내 85% 이상, 2년 이내 80% 이상, 3년 이내 75% 이상으로 주가가 유지되어 준다면 연 17%를 확정이자로 지급한다는 것이다. 만약 주가가 75% 이하가 되더라도 3년 동안 기준가 대비 50%로 장 중 한번도 하락하지 않으면 연 10%의 이자를 지급하겠다는 조건이다.

요즘 같은 저금리 시대에 연 17%의 이자는 정말 높은 것이다. 일단 구미가 당겨 투자해야겠다고 판단하면 최악의 조건을 보아야 한다. 여기에서는 주가가 50% 이하가 될 경우 어떻게 되느냐는 조건일 것이다. 알아보니 한 번이라도 기준가 대비 50% 미만으로 하락하면, 만기에 하락한 비율만큼 손실을 입게 되어 있다. 그렇다면 이번 상품에 선정된 회사의 주식이 과연 기준가 대비 50% 하락이 가능한지 알아보아야 한다.

예를 들어, 이번에 선정된 회사가 포스코와 현대건설이라고 한다면, 두 회사의 과거 전력도 검토해 보아야 하지만 우선 향후 3년간의 발전 가능성을 따져 보아야 한다. 건설시장의 활황 가능성을 고려하면, 토목공사 경험이 많은 현대건설이 참여하게 될 것이고 철제 빔 등이 많이 필요할 것이다. 그러면 두 회사가 앞으로 상당기간 좋은 실적을 낼 가능성이 높다. 그러면 투자할 가치가 있는 것이다.

반대로 건설시장이 불황이라 가정하면 이와 반대 상황이므로 투자할 가치가 없는 것이다.

이런 때는 혼자 판단하기보다는 전문가와 상의하는 것이 큰 도움이 될 수 있고 더 빨리 판단할 수 있다. 다만 전문가에게 확인할 때는 반드시 2명 이상에게 문의하고 결정하는 것이 좋다.

Check Point

어떤 투자를 결정하는 데 완벽한 정보를 모아 위험률을 완전히 없앨 수는 없다. 그러면 투자 자체가 성립되기 어렵다. 다만 어느 정도 성공 가능성이 느껴진다면 투자를 적극적으로 검토하라. 그리고 최악의 상황이 대처할 만한 것이라는 판단이 서면, 그때는 주저 없이 움직여라. 끝까지 이리 재고 저리 재고 있다면 투자기회는 날아가 버릴지도 모른다.

chapter ...09

이력서는 3년에 한 번 이상은 업데이트 해야 한다

"요즘 젊은이들 사이에는 평생직장이라는 개념이 사라진 지 오래다."

"정년까지 일할 수 있도록 법으로 근로자를 보호해 주는 직장이야말로 신이 내린 직장이다."

"연봉과 직급을 파격적으로 올리기 위해서는 직장을 자주 옮겨야 한다."

"자신을 잘 포장할 수 있는 사람이 좋은 대접을 받을 수 있다."

이런 말들은 신문 경제면에서 흔히 볼 수 있다. 요즘에 자기소개서 등을 작성하는 방법을 전문적으로 교육하는 학원이 잘 되는 걸 보면, 자기를 잘 포장하는 일이 사회에서 대접을 잘 받는 수단임에 틀림없어 보인다. 그런데 만약 여러분들이 취직하기 위해 이력서를 작성한다고 했을 경우, 학력을 제외하고 10줄 이상을 더 쓸 수 있을지 궁금하다.

학교를 졸업하고 회사에 들어가면, 월급 생활자들 대부분이 바쁘다는 이유로 자신을 위한 투자는 더 이상 하지 않는다. 그러면서도 후배나 동료가 자기를 제치고 먼저 승진하면, 술이나 마시면서 "아부를 잘 해서 승진했다.", "누가 뒤를 봐줘서 그리 됐다." 하면서 자신을 합리화하는 경우가 많다.

특히 젊은 사람이 높은 자리에 오르거나 연봉이 오르면 마치 '공공의 적' 인 것처럼 그를 삐딱하게 보게 된다. 이런 태도는 자신을 계속 패배자로 남게 만들 뿐이다.

미국에서는 매년 세 가지 이상 새로운 내용을 자신의 이력서에 추가해야 유능한 사람으로 인정을 받는다. 미국은 이직이 잦고 사소한 내용도 모두 이력서에 기재하는 문화 탓에 세 가지를 추가한다는 것이 그다지 대수롭지 않을지도 모른다. 그래도 매년 무엇인가 자신에게 변화를 준다는 점은 주목할 만하다.

우리도 자신의 이력서에 변화의 흔적을 남길 수 있도록 변화해야 한다. 변화는 이직만을 의미하는 것이 아니다. 배낭여행을 다녀온 것이라든가 공인중개사 자격증을 따는 것도 이력에 추가할 수 있다. 대학 졸업 후 중단한 공부를 야간대학원이나 사이버대학 또는 방송통신대학에서 계속하는 것도 자신의 이력에 보탬이 된다. 취미에 맞는 사회생활을 하거나 봉사활동을 하는 것도 훌륭한 이력의 재료가 된다.

이처럼 경력관리를 위해 나름대로 계획하고 실행해 매년 새로운 이력서를 준비한다면 설사 직장에서 퇴출된다고 해도 문제될 것이 없다. 퇴출이 문제가 되는 것은 자신에 대한 투자를 등한시 해서 지금의 직장 이외에 다른 직장을 구할 능력이 없는 경우다.

평소 자신의 능력을 키우고 이직에 대비해 이력 관리를 철저하게 했다면, 오히려 이직을 통해 더 많은 연봉과 더 높은 직급을 구할 수 있을 것이다.

재테크는 못하지만 부자가 된 경제기자

내가 아는 사람들 가운데 재테크 전문가가 된 기자 출신 연구원이 있다. 이 친구는 중상위 대학에서 언론을 전공하고 사회에 진출했는데, 일간지가 아닌 잡지사에서 직장생활을 시작했다. 잡지사에서는 경제 분야를 맡았는데 자신의 적성에 잘 맞지 않았다고 한다.

그런데 경제전문가나 재테크로 성공한 사람들을 만나면서 자신의 생각이 잘못됐다는 것을 깨닫고, 이력을 잘 관리해서 도약해야겠다고 생각하게 됐다.

그래서 경제 전문잡지로 이직하기로 결심하고, 수소문을 한 끝에 국내 유수의 주간 경제지로 이직하는 데 성공했다. 이 친구는 성공한 사람들의 노하우와 숨겨진 이야기를 취재하여 잘 메모해 두었다가 그 내용을 책으로 냈다. 예상 외로 그 책이 대박이 나면서 일약 재테크 전문기자로 명성을 날리게 되었고, 그로 인해 각종 매스컴에서 '재테크' 하면 그 친구를 우선 인터뷰하게 되었다.

그에게는 책을 쓴 것이나 신문에 기고하거나 방송에 출연한 것들이 모두 자신의 이력서를 채우는 중요한 경험이 되었다. 그가 사회생활을 처음 시작할 때는 재테크 전문가가 아니라 경제 분야 취재기자였을 뿐이다. 하지만 자신의 위치를 잘 활용해 주위사람들에게서 얻은 좋은 정보를 기사화하거나 책으로 출간해 자신의 지식으로 재창조한 것이다.

사실 그 친구는 부자들의 행태나 이력에 대해서는 아주 해박하지만 재테크를 잘하는 편은 아니다. 그래도 남들이 재테크 전문가로 평가해주는 건 철저한 이력 관리를 통해 자신의 상품가치를 극대화하는 남다른 재주가 있기 때문이다.

지금 그는 나이보다 높은 직급과 연봉으로 국내 유수의 금융기관에 채용되었다. 이제는 취재기자가 아니라 재테크 방법을 연구하고 실행하는 사람으로 탈바꿈한 것이다. 사회생활을 하면서 자신의 이력 관리를 정말로 잘한 경우다.

이력서는 누가 만들어 주는 것이 아니라 스스로 만들어 가는 것이다. 자신의 선택과 노력에 따라 내일 자신의 처지는 전혀 다를 수 있음을 알아야 한다.

Check Point

사회로 나오는 것은 이력의 출발이다. 그로부터 끊임없이 새로운 이력이 추가되어야 한다. 귀찮고 하기 싫다고 피할 것이 아니라 자신의 발전을 위해 무엇을 할 것인가, 내 이력서에 어떤 기록을 남길 것인가를 고민하고 실천해야 한다. 남들과 비교하기 위해서가 아니라 자신의 발전을 위한다는 생각으로 1, 2년 뒤의 이력서 관리를 오늘부터 시작해야 한다.

chapter ... 10

주택이나 차에 목숨 걸지 마라

한번은 어떤 호텔 사장이 회사 지분 상속에 대해 면담을 요청해왔다. 그때 나는 소형차를 타고 그 호텔을 방문했다. 그런데 현관에 차를 대려고 하니 벨보이가 뛰어와서 기분 나쁜 목소리로 차를 치우라고 손짓해서 기분이 좀 상했다. 마침 호텔 사장이 현관 쪽에 있다가 나를 발견하여 쉽게 주차할 수 있었지만, 사실 소형차를 타고 온 것에 대한 후회도 없지는 않았다.

이처럼 한국사회 어디를 가든 겉으로 나타나는 모양을 보고 그 사람의 지위나 재산 정도를 가늠하고 있으니, 누군들 좋은 차를 타고 싶지 않겠는가. 어디 그뿐이랴! 강남에 살고 있다면 어떻게 살고 있든지 "부자들이 많은 곳에 사는 걸 보니, 돈을 잘 버는가 보다."라고 부러운 시선을 받게 된다.

어느 경제신문에서 차량이 있는 사람과 없는 사람의 1년 경비에 대한 차이를 통계로 낸 기사가 있었다. 경차와 소형차 그리고 중형차와의 차이는 생각보다 훨씬 컸다.

차를 살 때 지불하는 가격을 잊어버리고, 운행하면서 들어가는 비용만 비교하다 보니 단순비교가 되어 그리 많은 차이가 아닌 것처럼 느꼈었다. 그런데 차를 구입하는 단계에서 들어가는 원금과 이자 그리고 현금지급으로 인한 기회비용 등을 복합적으로 따져보면 그 액수는 상당하다. 따라서 자신의 처지보다 약간 하향 조정하여 차를 구입하면 몇 년간 상당한 금액을 모을 수도 있다.

나는 2003년에야 처음으로 공장에서 바로 생산한 차를 몰아볼 수 있었다. 그렇다면 그 전에는 어떻게 차를 샀는지 궁금할 것이다. 세금을 전공한 나는 차를 사더라도 절약할 수 있는 사항을 검토했다. 차를 사려면 일단 취득세와 등록세를 내야 하고 채권을 의무적으로 사서 할인해야 한다. 따져 보니 약 6% 이상을 세금으로 내야 하는 것을 알게 되었고, 이를 절약할 수 있는 방안을 찾았다.

그래서 생각해낸 것이 연말에 자동차 생산공장에서 밀어내기 식으로 막 팔아놓은 자동차를 1월에 사는 방법이었다. 새 차와 다름이 없지만, 단지 해가 바뀌었다는 이유로 몇 백만 원이나 쌌다. 게다가 중고차에 해당되다 보니 취득세와 등록세가 40%가량 할인되어 실로 엄청난 이득을 보는 것이었다. 그래서 나는 십여 년 동안을 새 차 한 번 타보지 못하고 늘 중고차를 타고 다니는 알뜰한 신세가 되었던 것이다.

어떤 차를 타고 다닐 것인지는 전적으로 본인의 결정에 달려 있다. 다만 이를 재테크와 연결하여 생각한다면, 두 가지는 꼭 생각하고 차를 선택해야 한다.

첫 번째는, 과연 나에게 차가 꼭 필요한지 아주 냉정하게 생각할 필요가 있다. 차가 필요하다면 자기 능력에 맞는 차를 선택해야 한다. 차량 가격과 운영비가 급여의 15% 이상을 차지해서는 곤란하다는 것을 알고, 자신의 경제적 능력보다 한 단계 아래의 차를 선택하는 것이 좋다.

두 번째는, 차를 선택했다면 비용을 줄일 수 있는 구입방법을 생각해야 한다. 여기에는 내가 차를 구입하는 방법도 포함된다. 남의 눈치를 보거나 자신의 위상을 나타내려는 형식적인 것을 다 치워두고 현실적으로 접근해야 한다. 차를 산 후에는 자동차세를 선납하거나 온라인으로 직접 보험에 가입하는 등의 알뜰함도 도움이 된다.

자기 집으로 재테크를 하는 법

차보다 더 신중하게 생각해야 할 대상은 집이다. 다들 집 한 채를 장만하기 위해 엄청나게 노력한다. 무리해서라도 좀 더 큰 집을 사기 위해 그야말로 보이지 않는 혈투를 벌이고 있다. 그런데 문제는 집을 사고 나서이다.

강남에 웬만한 집을 장만하자면 큰돈이 필요하며 이를 위해 어느 정도는 은행 대출을 받게 된다. 그리고 입주하고 나면 기분이 정말 좋고 뿌듯할 것이다. 자기 집을 장만하였으니 당연하다. 그러나 매월 은행이자를 낼 때가 되면 그날 저녁은 정말 밥 먹기가 싫어진다. 죽어라 일해서 번 돈을 이자로 내기 때문이다. 이자 자체는 나쁜 것이 아니지만 이자로 내는 돈은 정말 아깝다.

이렇게 이자가 아깝다고 느껴진다면 생각을 조금 바꾸어 볼 필요가 있다. 자기 집에 꼭 자기가 들어가 살아야 하는 것인가?

집이 있지만 전세로 사는 방법이 있다. 조금 무리해서라도 강남에 아파트를 장만하는 것은 재테크 차원에서 바람직하다. 그러나 자신이 반드시 그 집에서 살 필요는 없다. 은행 부채가 부담된다면 강남의 집은 전세를 주고, 그 돈으로 은행 부채를 일부라도 상환하고 나서 직장 가까운 곳에 전세를 얻어 살면 된다. 그러면 이자 부담이 줄고, 그렇게 몇 년 살다 보면 은행 부채를 갚을 능력이 되기 때문에 큰 어려움 없이 강남에 집을 장만할 수 있다.

현재 강남에 큰 집을 가지고 있는 직장인들에게 묻고 싶은 게 있다. 매일 잠자기 위해 눌러앉은 그 집이 과연 얼마나 되는지 상상해 보았느냐는 것이다. 만약 시가 10억 원짜리 아파트에 살고 있다면, 연 7%대의 이자로 계산하여 자신이 살고 있는 집을 월세로 산출해 보면 연간 7천만 원을 주고 살고 있는 셈이다.

물론 집이라는 것이 꼭 그렇게 환산할 필요가 있는 것은 아니다. 아이들 교육이나 가족 간의 화합을 위한 장소로서도 그 기능이 있기 때문이다.

그러나 더 많은 부를 원한다면 과감히 강남의 집을 떠날 필요도 있다. 그 집을 떠나 직장이 가까운, 특히 맞벌이 부부의 경우 부인의 직장과 가까운 곳으로 전세를 얻어 이사하라는 것이다. 그리고 강남의 집은 보증금 얼마와 월세를 받아 월 소득을 높인다면 더 빨리 부자가 되는 토대를 마련할 수 있다.

Check Point

부자가 되고자 한다면 남의 눈을 의식하여 과소비나 체면치레의 경제행위를 해서는 안 된다. 자신의 분수를 정확히 파악하여 그 상황에 맞게 계획하고 현실적 판단 아래 실행에 옮겨야 한다. 자신의 현재 경제적 능력보다 한 단계 아래로 계획을 세우면 틀림없이 성공할 것이다.

chapter... 11

준비한 무기는 마음껏 사용하라

언젠가 술자리를 함께한 후배를 보고 "저 친구는 반드시 성공할 거야."라고 말한 적이 있다. 그는 주변에 모인 사람들의 시선을 단번에 집중하게 만들고 좌중을 이끄는 매력이 있었기 때문이다. 후배는 원래 머리가 명석한 집안에서 태어났지만 공부보다는 노는 쪽에 관심이 많았다.

고등학교 시절에는 공부보다는 춤 추러 다니고 친구들과 어울려 다니며 온갖 못된 짓은 다하고 다니는 문제 학생이었다. 그래도 이 친구가 꾸준히 하는 게 하나 있었는데, 바로 춤이었다.

후배는 막상 고등학교를 졸업하고 대학을 가지 못한 상태에서 군대에 가야 하는 상황이 되자, 그제야 정신이 조금씩 들기 시작했다. 그럭저럭 군생활을 마치고 사회에 복귀한 이후에는 어떻게 하면 돈을 벌어 경쟁에서 살아남을 수 있을지가 큰 고민이었다. 후회할수록 한숨만 깊어지는 터라 인생을 포기할 생각까지 했다. 그때 마침 한 여성지에서 춤 강사에 대한 인터뷰 기사를 보고 여기에 도전해 보기로 하였다.

그때부터 1년 동안 정말로 발에 물집이 잡히도록 열심히 춤을 연습했고, 학원에서 시간강사로 일하기 시작했다. 마침 '쉘위댄스' 라는 영화가 흥행하고 스포츠 댄스가 알려지면서 춤에 대한 인식이 변하고 있었다. 결국 이 친구는 전문적인 춤 선생이 되어 저명인사와 부자들의 개인교습을 맡았다.

지금은 춤 강사 일을 그만두고 자신이 그동안 춤을 지도하며 만났던 인사들과 교류하면서, 자신이 세운 자산관리회사를 통해 자산관리를 해주고 있다. 만약 자신이 학창시절 특기를 살리지 못했거나 다른 일을 했더라면 지금의 성공은 없었을 것이다.

"저는 붉은 우유랍니다"

나는 한문 교육을 남들보다 더 많이 받았다. 그래서 여러 가지 장점이 있었다. 대만으로 여행을 갔을 때다. 일행들과 함께 야시장에 가려고 시내를 나섰는데 안내해 줄 사람이 없었다. 지나가는 사람이나 택시기사에게 영어로 길을 물어보아도 대화가 통하지 않았다. 이런 난처한 상황에서 내가 지나가는 사람에게 한문으로 필담을 나누어 야시장을 찾아갈 수 있었다.

여행 이후 같이 갔던 일행뿐만 아니라 주변사람들 모두 한문에 관해서는 내가 최고라고 믿게 되었다. 한문에 대한 것이면 무조건 내게 묻고 있어서, 그들에게는 한문에 관한 한 내가 선생님으로 자리잡은 것이다.

학창시절 자신의 취미나 특기를 잘 살리면 사회생활에서 유용한데, 자신을 각인시키거나 쉽게 친근감을 유발할 수 있다. 만약 자신만의 특기가 없다면 최소한 이름이라도 기억하게 하는 기발한 방안을 연구할 필요가 있다.

나도 내 이름을 상대방이 잊지 못하도록 하는 방법을 연구하여 활용하고 있다. 내 이름은 '류우홍' 이다. 그래서 상대방에게 나를 소개할 때 "이름을 거꾸로 하면 붉은 우유가 됩니다."라고 한다. 즉, 이름을 거꾸로 하면 '홍우유' 라고 발음하게 되어 말 그대로 붉은 우유가 되는데, 사람들은 이렇게 들은 내 이름을 좀처럼 잊지 못한다.

Check Point

자신을 상대방에게 인식시키고 그 사람과 쉽게 편해질 수 있다면 인간관계에서 성공했다고 할 수 있다. 그러자면 먼저 자신의 특징을 살려 상대로 하여금 나를 오래 기억하도록 해야 한다. 자신만의 특기를 잘 활용하여 좋은 인간관계를 많이 형성하고 상대방으로 하여금 나를 잊지 못하게 만들어야 하는 것이다.

chapter … 12

자식교육에 대한 투자에는 일정한 선을 그어라

이따금씩 세상은 참으로 불공평하다는 생각이 든다. 부모 덕에 외국유학을 떠나 박사가 되는 사람이 있는가 하면, 공부는 잘하는데 가정형편이 어려워 일찍 학업을 포기하고 말단 공무원이 되는 사람도 있다. 또, 공부는 잘 못하지만 부모를 잘 만나 일이 잘 풀리는 사람이 있는 반면, 부모의 경제적 능력이 부족해 고등학교 졸업도 간신히 하고 사회 밑바닥 생활을 벗어나지 못하는 사람도 있다.

가정형편 때문에 공부를 제대로 하지 못한 사람이라면 누구든 "내가 덜 먹고 덜 쓰더라도 애들 교육은 잘 해야겠다."라고 생각하게 된다. 자식들에게 최소한 가난과 못 배운 한을 남기지 않고 싶은 것이다. 그래서 파출부를 해서라도 애들 교육은 남들 못지않게 시켜야겠다고 생각하게 된다. 이런 생각이 도를 넘어 사교육 광풍과 배배 꼬인 대학 입시제도 등을 유발한 것이 아닌가 하는 생각도 든다.

과연 빚을 내가면서까지 학군 좋은 곳으로 이사하고, 비싼 과외선생에게 과외를 받게 한다고 해서 아이가 그만큼 '가치 있는' 인생을 살게 되는 걸까? 예체능계 학생을 제외하고, 많은 시간과 정열, 돈을 투자했을 때 자녀가 얻은 점수는 원래 능력보다 20% 정도밖에 더 좋아지지 않았다는 통계도 있다. 그 20%를 위해 어머니가 자신의 인생을 포기하다시피 하면서 돈을 벌어 과외를 시켜야 하는지 진지하게 생각해 보아야 한다.

스포츠카와 경운기는 장점이 서로 다르다

냉정하게 말해서, 경제적 측면에서 볼 때 교육에 대한 무리한 투자는 결코 바람직하지 않다. 물론 될성부른 나무라면 부모가 어느 정도의 희생을 감수하면서 공부나 운동을 시켜도 될 것이다. 그러나 능력이 따라주지 않는 아이에게 '자기 자식'이라는 이유만으로 온갖 희생을 해서라도 교육을 시키려는 것은, 아이나 부모 모두 시간과 돈을 허비하고 불필요한 곳에 정력을 쏟는 것이다.

시속 200Km로 달릴 수 있는 스포츠카를 가진 사람이 속도를 250Km까지 내려고 돈을 투자한다면 어느 정도 만족할 만한 속도를 얻을 수 있다. 하지만 경운기로 250Km의 속도를 내기 위해 돈을 들여 튜닝한다면 절대 만족할 만한 결과를 얻을 수 없다. 공연히 돈과 시간을 낭비하고 정신적 고통만 남는다. 차라리 속도 내는 것을 아예 포기하고 경운기의 특징을 살려 힘을 더 내는 튜닝을 하는 것이 더 현실적이다.

자기 자식을 최고로 키우고 싶은 것은 한결같은 부모의 마음이다. 그러나 세상은 위가 있으면 아래가 있고, 부자가 있으면 가난한 사람도 있고, 머리가 좋은 사람이 있으면 머리가 나쁜 사람도 있다. 그것은 자기 자식에게도 적용되는 것이다.

아이들 교육에 올인하다 보니 경제적으로 집안의 살림살이가 늘지 않는 경우가 많다. 아이들에게 투자하는 만큼의 시간과 돈에 대해서도 경제적 마인드로 접근해야 한다. 부모가 원하는 방향으로 투자할 것이 아니라 아이가 정말 잘하는 것을 더 잘할 수 있게 해주어야 한다. 앞서 얘기한 대로 경운기의 속도를 높이는 것보다는 힘을 좋게 만드는 것이 훨씬 가치가 있는 일이다.

현재 나와 같이 일하고 있는 부동산 전문가가 있다. 이 친구는 지방대학을 졸업하고 부동산 관련 분야에서 5년 정도 경험을 쌓으면서 부동산 전문가가 되었다. 그리고 부동산 전문가를 찾는 구인 광고를 보고 지원해 약관의 나이에 과장 직급과 함께 만족할 만한 수준의 연봉도 받게 됐다.

그런데 같은 회사 안에는 고등학교 동창들이 있었다. 다들 학창시절 성적이 상위권이어서 좋은 대학을 나온 친구들이다. 하지만 지금은 이 부동산 전문가가 그들보다 직급이 하나 더 높고 연봉도 훨씬 많다. 공부를 잘한 것도 아닌데 더 높이 올라간 것이다.

요즘은 어느 분야든 전문가가 대접을 받는다. 반드시 좋은 대학을 나와서 대기업에 취직해야만 성공하는 것이 아님을 명심하자.

Check Point

부를 원한다면 항상 미래를 보고 투자하는 마인드가 필요하다. 그 투자는 현실에서 이루어져야 한다. 그런 면에서 보면, 무리하게 자식교육에 투자하는 것은 경제적 판단을 무시하는 것이다. 자식에게는 사랑과 가정교육을 무한정으로 베푸는 것이 최고이지, 부모의 능력을 벗어난 투자는 잘못된 것이다.

chapter ... 13

사회생활을 시작할 때 노후 준비도 시작한다

젊을 때 경제적으로 어려워 열심히 살려고 발버둥 치는 모습은 아름답고 도와주고 싶다.

하지만 나이 들어 돈 벌려고 발버둥 치는 모습은 정말로 두고 보기 어렵다. 젊어서 조금 덜 쓰고 덜 먹으며 절약하고, 나이 들어서는 원하는 만큼의 여유를 부리는 것이 인생을 멋있게 마무리하는 것이다.

사실 월급쟁이로 살다 보면 부자가 되기란 그리 쉬운 일은 아니다. 더군다나 높은 물가에 자식을 교육하며 남들 사는 만큼 살아가려고 하면 미래를 준비할 여유가 생기지 않는다. 그러다 나이 들어 무료하게 시간을 보내는 처지가 되는 것이다.

모두들 나이 들어 자식에게 대접받으며 살고 싶어서 자식에게 투자했을 것이고, 나름대로 미래를 위한 준비도 했을 것이다. 하지만 세상살이가 생각같지 않아 지금에 와서는 자신이 하고픈 대로 할 수 없는 처지가 된 것이리라.

문제는 지금의 젊은 사람들이 과거 어르신들과 똑같이 생각한다는 것이다.

누구에게나 언젠가는 나이가 들어 직장생활이나 자영업을 그만두어야 하는 때가 온다. 하지만 그런 때가 자신에게는 오지 않을 것이라든지, 그때 가면 뭐 어떻게 되겠지 하는 생각에 미래를 준비해야겠다는 마음가짐을 단단히 하지 못하는 것이다.

그러나 내가 생각하는 부자의 삶이란, 나이 들어 경제활동을 할 수 없을 때 지금보다 훨씬 적은 수입으로도 자신이 원하는 대로 살 수 있는 삶이다.

노후 준비는 일찍 시작할수록 좋다

노후 준비는 사회생활 혹은 경제활동을 하면서 바로 시작해야 한다. 그래야 차곡차곡 쌓아갈 수 있는 것이지, 어느 정도 재산이 생긴 다음에 하는 것이 아니다.

"지금 당장 먹고살기 힘든데 무슨 놈의 노후 준비를 하느냐."고 반문하시는 분도 있을 것이다. 그런 분일수록 더욱 열심히 노후 준비를 해야 한다. 아직은 젊어서 육체노동을 해서라도 먹고 살 수 있지만 나이 들면 육체노동도 할 수 없다. 노후를 위한 투자는 지속적이면서도 장기적인 안목으로 봐야 한다.

요즘 시골 출신 중·고등학교 동창회에 가면 동창회장이 모두 시골에서 농사를 짓는 사람들이라고 한다. 시골에서 서울로 올라온 친구들은 공부하느라 전답을 모두 팔아 땅이 없다. 반면 더 이상 학업을 하지 않은 친구들은 부모가 농사 짓던 땅을 그대로 이어받아 농사를 지었다. 그런데 어느새 땅값이 금값이 되어 부자가 되었고 동창회를 이끌 수 있는 여력이 생겼다는 것이다. 정말 웃지 못할 이야기다.

어떤 사람은 결혼하면서 접수된 축의금을 나중에 아이가 대학 갈 때 학자금으로 쓰겠다며 포항제철 주식 100주를 샀다고 한다. 살 때만 해도 겨우 1만 원에 불과했는데, 얼마 전에 확인해 보고는 깜짝 놀랐다고 한다. 주가가 60배가 넘었기 때문이다. 그 돈이면 아이가 대학을 졸업하고도 남을 정도였기에 학자금 걱정을 하지 않아도 되어 너무나 행복했다는 이야기를 들었다. 이것은 장기적인 차원의 투자에서 소위 묵혀두는 비법을 제대로 소화해낸 결과다.

이와 같은 전술을 금융기법에 도입해 상품화한 것이 바로 적립식펀드다. 지금이라도 적립식펀드에 가입해 매월 정기적으로 노후자금을 만들자. 이때 노후자금으로 쓰겠다고 마음먹고 절대 도중에 인출하지 않는 방법으로 투자하면 좋다.

수수료를 먼저 지급하는 방법으로 해두면, 주식시장이 좋을 때 마음대로 해지했다가 다시 가입하면서 최대의 수익을 올릴 수 있다. 그러니 적립식펀드로 노후를 준비하려 한다면 선취수수료 지급방식을 활용하기 바란다.

Check Point

솔직히 서민에서 부자가 된다는 것이 얼마나 어려운가. 월급쟁이가 수십억 원을 모은다는 것은 그저 꿈일 뿐일지도 모른다.
그러나 노후를 제대로 준비하고 있다면 그는 이미 부자의 길에 들어선 것과 같다. 노후를 탄탄하게 준비하고 있다면 지금도 항상 여유 있는 마음으로 살 수 있는 것이다. 지금 당장 부자가 되기는 힘들지만 노후를 위해 지금 밥그릇에서 쌀을 조금 덜어내는 심정으로 계속 투자해야 한다.

chapter … 14

부는 시간 속에 쌓아가는 것이다

우리가 산수시간에 배운 '1+1=2' 라는 등식을 모르는 사람은 없을 것이다. 만약 4천만 원을 모으는 데 2년이 걸렸다면, 4억 원을 모으는 데는 몇 년이 걸릴까? 얼핏 계산하면 20년이 걸릴 것 같다. 이런 계산을 하다 보면 "너무 오래 걸리니 중도에 포기하자." 혹은 "내 평생 그 많은 돈은 벌 수 없으니 포기하자."라고 생각할 수도 있다. 그러나 수학적인 계산과 경제학적인 계산은 다르다는 것을 알아야 한다.

먼저 규모의 경제에 따른 차이를 간과했다. 4천만 원을 모을 때는 2년이 걸렸지만, 4천만 원이라는 투자를 위한 실탄이 준비되면 처음보다는 더 빨리 달릴 수 있다. 점차 모이는 돈이 많아져 움직이는 규모가 커지게 되면 같은 시간이 지나더라도 묻어나는 이자 규모가 더

커져 생각했던 것보다 시간이 단축된다. 즉, 처음에는 그저 두 다리에 의지해 달려야 했지만, 실탄이 많아질수록 자전거를 타고 달리게 되고 승용차를 타고 달리게 되다가, 결국 비행기를 타고 갈 수 있다.

둘째로, 복리의 효과를 계산하지 않았다. 복리란 쉽게 말하면 매일 또는 매월 원금에 붙는 이자에 또다시 이자가 붙는다. 그러니 원금에 붙는 이자가 갈수록 늘어나는 것이다. 복리를 아시는 분들은 72라는 숫자를 기억할 것이다. 이는 단리로 10년 걸릴 것을 복리로 하면 7.2년 걸린다는 것이다.

예를 들어, 1천만 원을 이자 6%로 예금할 경우, 복리로 계산하여 원금의 두 배인 2천만 원이 되는데 걸리는 기간은 얼마나 될까? 72를 금리 6으로 나누면 된다. 즉, 12년이 지나면 6%의 금리를 복리로 계산했을 때 원금의 두 배가 된다. 또, 가지고 있는 돈을 10년 동안 두 배를 만들려면 이율이 얼마나 되어야 할까? 이때는 72를 10년으로 나누어 7.2%의 금리라는 것을 알 수가 있다.

이 계산을 하면 절대 서두르지 않아도 된다는 것을 알 수 있다. 원금 1천만 원이 이자 6%로 했을 경우 12년이면 원금의 두 배인 2천만 원이 된다는 것을 알았다. 그렇다면 24년 뒤에는 2천만 원의 두 배인 4천만 원이 될 것이고, 여러분이 은퇴할 시점인 36년 뒤에는 8천만 원이 되어 있다는 것을 알 수 있다. 1천만 원이 8배가 되어 36년 뒤에 버티고 있으니 이 자금으로 노후를 보낼 수 있는 것이다.

셋째, 정기적으로 벌어들이는 소득이 시간이 지날수록 점차 늘어난다는 것을 계산해야 한다. 물론 물가도 오르고 씀씀이도 늘겠지만, 전체적인 규모에서는 움직일 수 있는 돈의 크기가 처음보다 커지는 것이 사실이다.

넷째, 자산의 가치 상승을 염두에 두지 않았다는 점이다. 자신이 사는 아파트 가격이 오른다든지, 주식의 값이 하늘 모르고 올라갈 수도 있다. 또 돌반지를 모아 두었는데 금값이 많이 오를 수도 있다. 자산의 가치 상승으로 인해 자신이 벌고자 했던 목표 금액을 달성하는 데 도움을 줄 여지가 많다.

이처럼 자신이 조금만 더 신경 쓰고 경제 마인드를 가지고 계획적으로 돈을 모은다면, 얼마든지 자신의 현재 벌이로 벌 수 있는 자산의 규모보다 더 많은 금액을 모을 수 있다. 그래서 섣부르게 "나는 이렇게 벌어서는 부자가 될 수 없다."라고 포기할 필요가 없다.

Check Point

시간이 돈을 크게 만든다. 그러니 지금 돈이 많은 사람을 바라보고 자신을 초라하다고 생각할 필요가 없다. 또 자신이 생각하는 정도의 부를 이룰 수 없다고 비관할 필요도 없다. 36년 후 지금의 8배가 되는 복리의 마술처럼 미래를 준비하면 된다. 차근차근 쌓아가는 재산과 더불어 행복도 쌓이길 기대하라.

chapter ... 15

관계를 중시해야 부자가 된다

내가 공무원에서 금융인으로 다시 태어나게 된 동기는 사소한 만남에서 시작됐다. 지금으로부터 13년 전 국세청에서 근무하면서 상속세 조사 업무를 담당하고 있을 때다. 어느 분의 상속세를 조사하다 보니, 돌아가신 분 명의로 된 재산이 어느 정도 있는데 부채가 더 많은 것으로 신고되어 있었다.

이런 경우 대부분 허위이고 입증할 서류도 제대로 없는 것이 통례이기에 나도 그럴 것으로 생각하고 그 자녀를 불러들였다. 자녀 중 아들 한 사람이 출두해 여러 가지 이야기를 하는데 사정이 참으로 딱했다.

원래 아버지는 재산이 상당했다고 한다. 은퇴 후에는 청산절차를 밟고 있는 어느 회사의 재산 관재인으로 임명을 받아 일하고 있었다. 그러다 본의 아니게 아랫사람에게 속아 여러 사람들로부터 민사 소송을 당했고, 이에 시름을 겪다가 돌아가신 것이다.

그러나 막상 이런 사실을 객관적으로 입증할 서류를 준비하려 하니 참으로 만만치 않았다.

입증서류가 없으면 억울하지만 엄청나게 많은 세금을 내야 했다. 다행히 나는 입증자료를 찾아냈고 그 자료들을 이곳저곳으로 보내 억울함을 풀어주었다.

그분은 그 사실을 믿을 수 없다는 표정이었다. 내가 "다 처리되었으니 걱정 말라."고 했으나 "정말이냐."라고 다시 물었고, 이에 나는 "나중에 잘못되면 내가 책임지겠다."라고 답하여 안심시켰다. 그분은 그제야 안도하면서 억울함을 면하게 해줬다며 용돈을 주겠다, 선물을 주겠다고 했다. 하지만 나는 그저 "인간관계나 돈독히 하자."고 제안하였고, 우린 좋은 친분을 유지하는 사이가 됐다.

그로부터 1년이 흘러 내가 다른 곳으로 전근을 가서 일을 하고 있을 때, 그분에게서 연락이 왔다. 세무서에서 고지서가 나왔는데 300만 원을 더 내야 한다는 것이었다. 확인해 보니 후임자가 영수증 하나를 인정하지 않고 세금을 고지한 것이었다. 하지만 내가 책임지겠다고 약속했기에 추가 세금을 대신 납부했다.

나중에 이런 내용을 알게 된 그분은, 박봉의 공무원 신분인 내가 약속을 지키기 위해 말없이 세금을 대신 내준 것에 감동하여 나를 전적으로 신뢰하게 되었다.

그후 그분에게서 다시 연락이 왔다. "삼성증권에서 세무전문가를 채용하려고 하는데, 당신이 꼭 입사해 주었으면 한다."는 얘기였다. 상호간에 이미 신뢰가 쌓여 있는 터라 구체적인 조건을 달기보다는 몇 가지 사안에 대해서만 협의한 뒤 이직하기로 약속했다.

나중에 그분의 말에 의하면 "세무공무원이 돈을 잘 버는 모양이다. 세금도 대신 내 주고."라고 생각했다면서, "그래도 약속을 지키는 사람인 걸 보니 믿을 만하다."고 여겨 적극적으로 채용하게 됐다고 한다. 그분은 현재 삼성증권뿐 아니라 다른 곳에서도 유명인사로 활동하고 있으며, 무슨 일이든 나를 챙겨주는 고마운 사람으로 남아 있다.

세무조사를 받은 사람들과 친하게 지내다

누구든 눈앞의 이익을 놓치려 하지 않는 것이 인지상정이다. 그러나 조그만 이익을 지키기 위해 신뢰를 깨는 것은 소탐대실하는 행동이다. 또한 신뢰를 쌓기 위해서라면 어느 정도의 돈과 시간은 투자할 가치가 있다.

나도 금쪽같은 내 돈을 세금으로 대신 내 줘야 할 때 속이 쓰렸지만, 내 말을 믿고 모든 것이 종결된 줄 아는 사람에게 다시금 세금이라는 단어를 떠올리게 하고 싶지 않았다. 무엇보다도 본인이 한 말에 대한 책임을 져야 했기에 그 사람의 세금을 대신 내준 것이다.

결과적으로 그로 인해 나의 인생이 대반전 되는 중요한 제안을 받았다. 물론 그런 결과나 행운을 기대하고 약속을 지키고 신뢰를 쌓으려 했던 것은 아니다. 인간관계에서 신뢰를 얻지 못하면 자기 혼자만의 힘으로 살아가야 하는데, 혼자 힘으로는 성공하기가 너무 어렵다. 된다고 해도 너무 오래 걸린다. 그러니 사람과의 관계에서 신뢰를 쌓고자 노력해야 한다.

남녀관계나 오랜 친구관계 심지어 부모형제 간에도 신뢰가 깨지는 경우가 왕왕 있다. 그것도 사소한 일 때문에 관계가 무너진다. 차라리 큰 것을 탐해 인간관계가 깨진다면 남는 것이라도 있을 텐데, 아주 사소한 것에 발톱을 드러내 모든 것이 깨지게 만드는 것은 정말 어리석은 일이다.

나는 지금도 현직에서 세무조사를 했던 기업체나 부자들을 만나고 있다. 그때는 깍듯하게 대접을 받았지만 조사가 끝나면서 형, 동생 하는 사이로 가깝게 지내고 있다.

심지어 어느 학교 이사장은 "원리원칙을 지키는 사람이니 학교 감사로 일하면 제격이다."라며 자신이 운영하는 학교의 감사로 오라고 해서, 학생들에게 제대로 자금을 집행하고 있는지 무보수로 6년째 감사하고 있다.

Check Point

어떤 회사에 물건을 납품하는 사람이 있었다. 그런데 그 회사의 사장이 정말로 못되게 굴었다고 한다. 그러나 물건을 납품하기 위해 굴욕을 참을 수밖에 없었다.

그러던 어느 날 사장이 그 사람을 불러 상냥하고 부드러운 말로 납품물량을 더 늘리고 결재조건도 좋게 해주겠다고 제안하더란다. 그러면서 말하길, "사모님께서 00중학교 영어 선생님이시지요?"라고 묻더란다. 그렇다고 대답하자 "우리 아들이 이번에 그 학교에 입학하게 됐는데, 사모님께 잘 말씀드려 아들이 편하게 공부할 수 있도록 부탁한다."라고 말했단다.

세상을 살아가는 데 항상 '갑'이고 항상 '을'이 될 수 없다는 건 인간관계의 미묘한 역학문제이다. 그러니 매사 인간관계를 소중히 생각해야 한다. 자신이 조금 손해가 나더라도 약속을 지키는 마음가짐과 자신이 상대방보다 더 나은 위치에 있더라도 상대를 배려하는 자세야말로 성공의 시작이다. 부자가 되고자 한다면 멀리 내다보고 언행에 신중해야 할 것이다.

chapter ... 16

배워라, 나를 힘들게 하는 사람도 스승이 될 수 있다

사람들은 이따금씩 착각한다. "전교 1등을 하는 친구는 모든 과목에서 1등을 할 것이다."라는 착각 말이다. 아니면 "부자들은 얼마나 행복할까? 자기가 하고 싶은 것 다 하고 사니 말이야."라는 잘못된 상상을 할 수도 있다.

전교 1등을 하는 학생이 과연 전 과목에서 전교 1등을 하고 있을까? 한번 주위에서 확인해 보라.

전교 1등보다 피아노를 잘 치는 친구도 있고, 달리기를 잘 하는 친구도 있다. 외국에서 살다 온 학생은 영어를 전교 1등보다 더 잘할 수 있을 것이다. 즉, 종합적으로 최고라 해도 부분별로는 자기보다 더 뛰어난 사람이 있는 것이다.

이런 상황를 알면 자신보다 더 나은 분야에 있는 사람에게서 배우고, 스스로를 더욱 완벽하게 만들 수 있게 된다. 그러나 이를 인정하지 않고 자신이 최고라고 계속 우긴다면 더 배울 수 있는 기회를 놓치게 된다.

내가 국세청 및 산하기관에서 근무할 때 정말 얄미울 정도로 '꼼수'를 쓰는 사람을 많이 봤다. 나름대로 나도 그 방면에서 한가닥 한다고 자타가 공인하고 있었는데, 꼼수를 쓰는 사람들에게 호되게 당한 적이 많다.

꼼수라는 것은 올바른 것이 아니기 때문에 공무원들은 그런 사람을 어떻게든 가려내 처벌하고 싶어 한다. 그러나 근거가 없으면 어떠한 처벌이나 세금을 매기는 일도 할 수 없다.

이런 점을 악용해 꼼수를 두는 사람이야말로 고수 중의 고수다. 얼마나 많이 연구했으면 아무런 제재 없이 전문가와 법망을 피할 정도의 완전한 방안을 마련할 수 있었을까. 결과적으로는 나쁜 사람이지만 상당히 노력하는 사람이라고 볼 수 있다.

꼼수를 쓰는 고수들에게 한 수 배우다

그러기에 꼼수를 두는 사람을 무조건 나쁘다고 보기 이전에, 나름대로 연구와 연구를 거듭한 사람이라고 생각한다면 한 수 배워야 하는 대상이 된다.

그래서 나도 처음에는 이들의 꼼수를 어떻게 이겨볼까 노력했으나 결국 백기를 들어 이들을 인정하기로 하고, 오히려 그 사례를 연구하기 시작했다.

그러다 보니 그들에게서 절세전략을 제대로 배울 수 있었다. 재야의 많은 '무림고수'들에게서 그들의 절대비법을 하나씩 선물 받아 뛰어난 고수로 성장하게 되었던 것이다.

결국 정상적인 방법과 꼼수를 다 알게 되어 양동작전을 펼 수도 있고 읽을 수도 있게 됐다. 재야의 많은 무림고수들은 한 방면에 있어서는 그 누구도 따를 수 없는 비법을 지니고 있었다. 이 비법은 그 누구도 깰 수 없는 기막힌 방안이었다.

그들만의 노하우를 열심히 배우고 익혀서 내 것으로 만들 수 있었던 것은 연구노트 덕분이었다. 메모라는 것은 단순히 기억을 위한 기록이 아니다. 순간순간 아이디어가 떠오르거나 자신이 이해하기 힘든 사항이거나 전혀 새로운 것이 있을 때, 기록해서 연구의 자료로 만드는 행위다.

시인이나 작가도 순간에 떠오르는 것을 기록한 것이 작품으로 연결되어 우수한 필봉을 자랑할 수 있다. 사람의 뇌리에 순간적으로 전광석화처럼 떠올랐다가 사라지는 내용을 잘 기록해두는 것은 더 좋은 아이디어를 얻을 수 있는 밑천이 되는 것이다.

잘 모르거나 새로운 것을 기록해 두는 습관은, 모르는 것을 해결하고 새로운 것을 연구해 자신을 더 깊은 지식과 지혜로 이끈다. 단순히 기록만 해두는 것이 아니라 검토하고 연구해서 자기 것으로 만든 후에, 다시 그 내용을 자세히 기록하는 습관을 들인다면 절대로 그 기록이 무용지물이 되지는 않는다.

Check Point

재테크를 잘하는 사람은 끊임없이 배우는 사람이다. 잘하는 사람을 시기할 것이 아니라 뭐 하나라도 배울 게 없는지 잘 찾아본다면 누구에게도 배울 점이 있다는 것을 알게 된다. 그런 것들을 하나하나 자기 것으로 만들어 두면 어느덧 부자로 가는 길이 탄탄하게 닦여나가는 것이다.

chapter … 17

세금이 붙지 않는 채권 재테크

모든 소득에는 세금이 있다. 다만 소득이 있어도 국가가 정책적으로 혹은 사회적 여건상 세금을 매기지 않거나 매기지 못하는 경우가 있다. 그중 하나가 채권이다. 채권에는 비록 소득이 있어도 그것에 대해 세금을 매기지 않는 부분이 있다. 바로 채권의 매매차익에 대해 소득세를 매기지 않는 것이다.

채권은 할인채, 이표채, 복리채로 구분하며, 발행일에서 상환일까지 기간이 정해져 있다. 그 기간에 지불해야 할 이자율도 미리 정해서 채권에 표기해 둔다. 사람들 대부분은 채권을 금융기관 등에서 사는 것이고 일반인은 사는 것이 아니라고 생각하는데, 천만의 말씀이다. 집이나 부동산 아니면 자동차를 살 때에도 무조건 채권을 사도록 법에 규정되어 있다.

하지만 우리는 이런 채권을 샀는지조차 모르고 넘어가는 경우가 많다. 그 이유는 부동산이나 자동차를 사면서 법무사나 공인중개사 혹은 자동차 세일즈맨이 다 알아서 채권을 할인하기 때문이다. 당사자는 그냥 돈만 지불했기 때문에 채권을 실물로 보지 못하는 것이다.

그렇다면 채권을 할인하는 업자들이 과연 중간에서 얻는 이익이 어느 정도인지 궁금하지 않을 수 없다. 그들이 채권을 직접 증권사나 은행을 통해 매도함으로써 얻는 차익이 100만 원당 약 2만5천 원가량 된다. 그러기에 채권을 전문 할인업자에게 할인하지 않고, 본인이 직접 증권사나 은행에 매도하면 더 많은 금액을 받을 수 있다.

채권에서 매매차익이 발생한다

그럼, 법무사, 공인중개사, 자동차 세일즈맨 등은 채권을 할인하여 얻은 이익에 대해 세금을 낼까? 그들은 채권을 전문적으로 매매하는 금융기관이 아니기 때문에 소득세를 내지 않는다. 채권의 매매차익에 대해서는 법적으로 세금을 매기지 않는다. 이는 기술적으로 세금을 매기기 어렵고 채권의 유통을 쉽게 하기 위해서다.

채권의 매매차익이라는 것이 뭘까? 원래 채권은 표면에 금리를 표기하고 있기 때문에 그 금리를 적용해 만기까지 지속적으로 이자를 지급한다. 그러나 금융시장이 불안해지거나 자금이 넘칠 경우 채권값이 오르내린다. 이렇게 출렁거리는 채권값을 활용해 채권을 사고팔면 매매차익이 발생하는 것이다.

예를 들어, 표면상 연 5%의 국채 3년 만기 채권이 있다고 하자. 그런데 시장에 돈이 마르면 돈 구하기가 어려워 이자가 6%로 오를 수 있다. 그러나 연 5%의 채권은 3년 동안 5% 이자를 받을 수밖에 없다. 그래서 억울하다고 생각해 채권을 시장에 내다 팔면, 시장금리인 6%와 표면상 금리인 5%와의 차이에 대해 손해를 보고 팔아야 하는 경우가 발생한다.

그러다 시간이 흘러 다시 시장에 돈이 돌 때가 온다. 그러면 6%에 채권을 매입한 사람은 채권을 5%로 팔아 1%의 이익을 챙길 수 있다.

나는 호시탐탐 채권을 이용해 그 차익을 벌곤 했다. 그러던 중 우리나라에 환란이 발생해 초유의 IMF 사태가 발생하자 갑자기 회사채의 이자율이 33%를 상회하기 시작하였다. 만약 이런 상태로 3년 이상을 유지하다가는 회사가 망할 수 있다는 판단이 섰다. 그래서 "반드시 금리는 10%대로 내려갈 것이다."라는 믿음이 생겼고, 이를 확인하기 위해 그간 환란이 발생했던 국가의 금리 구조를 살펴보았다. 역시 모든 국가는 예외 없이 초기 높은 금리에서 1, 2년 이내에 원상회복되는 것을 알 수가 있었다. 그래서 나는 평소 잘 알고 지내던 부자를 만나 이런 사실을 알려주고 회사채에 투자하라고 권했다.

그러나 망할지도 모르는 회사채를 구입할 수 없다는 의사를 꺾을 수 없었다. 그래서 대신 자금을 나에게 융통해 주기를 요청했고, 이에 허락을 얻자 과감히 회사채에 투자했다. 이런 어려운 시기에 큰 돈을 빌릴 수 있었던 것은 신뢰에서 비롯된 것으로, 인간관계 형성이 그래서 중요하다는 것이다.

묻지마 채권으로 대박을 내다

결국 기대했던 금리 인하가 현실로 나타나기 시작했다. 불과 1년이 지나자 회사채의 금리가 약 12%대로 내려왔다. 나는 더 이상 가지고 있을 필요가 없다고 판단해 채권 매각을 결심했다. 33%로 3년을 받아야 하기에 99% 이자를 받을 수 있는 권리가 있는 채권을, 12%로 3년을 받을 수 있는 36%의 채권값으로 팔다 보니 차액이 63%가 났다.

채권은 매매 시점에 발행된 만기 상환일까지의 이자를 계산해 주기 때문에, 비록 미래의 시간이지만 그 시간까지 계산하여 이익을 볼 수 있는 특이한 상품이다. 그러다 보니 비록 1년을 갖고 있더라도 3년간의 이자에 대한 이익을 보게 돼, 가만히 앉아 원금의 63%를 버는 엄청난 수익을 올릴 수 있었다. 이것이 바로 채권의 매력이고 적은 기간을 투자해서 많은 이익을 올릴 수 있는 방법이다.

나는 채권에 관심이 많다 보니 특별한 채권이 발행되면 항상 기록해 두었다가 기회를 보는 습관이 있다. 몇 년 전에 소위 묻지마 채권이 발행되자, 만기가 되는 해인 2003년을 1년 앞두고 서서히 관심을 갖기 시작했다. 그 이유는 묻지마 채권이다 보니 상속세와 증여세가 전액 면제되는 아주 기가 막힌 채권이었기 때문이다. 이런 채권에 대한 투자는 일생에 단 한 번 기회가 올 수 있을 정도로 귀하다.

나는 세금을 다루는 사람이기에 앞으로 증여세와 상속세를 줄이기 위해 부자들이 이 채권을 많이 매집할 것이라고 생각하고 기회가 될 때마다 채권을 매입하기 시작했다. 그 채권은 정말로 만기 6개월을 앞두고는 서로 사겠다고 아우성을 칠 정도로 고가 상품이 됐다. 나는 돈 많은 부자들의 호주머니를 털어(?) 배를 불리는 기막힌 채권투자를 한 셈이다.

나는 채권매매를 주업으로 삼는 사람이 아니기에 매매차익에 대해 합법적으로 소득세를 내지 않아도 된다. 채권투자는 원금손실도 없으므로 이를 활용한 재테크는 한번쯤 연구해 봄직하다.

Check Point

돈을 벌기 위해서는 보이지 않게 흐르는 돈도 볼 줄 알아야 한다. 꼭 눈에 보이는 상품을 팔거나 서비스를 제공하는 것에만 매달릴 필요가 없는 것이다. 그런 점에서 일상의 많은 거래에 개입되어 있지만 그 실체를 잘 느끼지 못하는 채권은 좋은 투자 대상이 될 수 있다.

chapter ••• 18

상대가 원하는 걸 이룰 수 있도록 도와라

사람은 사회적인 동물이기 때문에 혼자서는 살 수가 없다. 그래서 가급적 많은 사람을 사귀고 자기 편으로 만들 필요가 있다. 세상을 살다 보면 전혀 쓸모없다고 생각했던 사람에게서 오히려 큰 도움을 받을 수도 있다.

하지만 사람들과의 만남을 그저 목적을 이루기 위한 수단으로만 여긴다면 오히려 역효과를 낼 수 있음을 유념해야 한다. 보고 싶을 때 만나고 대화하고 싶을 때 서로 이야기하는 편안한 관계가 됐을 때, 비로소 서로에게 도움을 줄 수 있는 편한 사이가 되는 것이다.

1990년대 중반, 어느 날 사무실에 행색이 약간 초라해 보이는 노인 한 분이 방문했다. 앞에 있던 직원에게 무엇인가 질문하는 것 같았는데, 직원의 대답이 영 마음에 들지 않았던지 사무실을 이리저리

그후에도 우리는 가끔 만나 식사를 했다. 그러던 어느 날 노인께서 제안하기를 "남은 땅 4분의 3을 자네가 좀 사주게나. 요즘 돈이 좀 필요해서."라고 하시는 것이었다. 나는 아무 조건을 달지 않고 그러겠다고 했고, 노인께서는 "공시지가로 가격을 계산해 달라."고 하셔서 공시지가를 주고 등기를 이전해 왔다.

등기 이전이 되는 날, 노인께서는 "좋은 일을 하는 사람이 주인이 돼서 너무 기쁘다."라고 하시며, 내가 이 땅을 활용해서 부자가 되었으면 좋겠다고 축복해 주셨다. 나에게도 노인께도 모두 행복한 순간이었다.

Check Point

상대의 어려운 처지를 알고 자기 일처럼 성심껏 도와주면, 언젠가 그것이 어떤 식으로든 흥부의 박씨가 되어 돌아온다. 아니 박씨가 되지 않으면 어떤가. 좋은 인간관계를 맺는 것 그 자체로도 의미가 있다.

남의 아픔을 그냥 넘어가지 말고, 가까운 사람이라면 자신이 좀 힘들더라도, 돈을 좀 써야 한다고 하더라도, 혹여 체면이 좀 구겨지더라도, 한번쯤 도와주는 것이 어떨까.

chapter ... 19

상황이 어려워도 프로의 길을 걸어라

'갑'과 '을'이라는 말은 우리 사회에서 흔히 강자와 약자라는 의미로 쓰인다. 우리나라에서 막강한 권력을 가진 부서 가운데 하나인 국세청에서 14년 동안 공무원으로 살아왔던 사람이, 어느 날 그 조직을 떠나 민간기업으로 옮긴다고 생각해 보자. 이는 '갑'에서 '을'의 위치로 내려가는 것이다. 가족과 지인들 그리고 동료들이 다들 말렸다. 실제로 민간기업으로 이직한 후 여러 가지로 힘든 것은 당연했다.

나는 가끔 농담으로 "제 눈매가 날카로운 것은 산재입니다. 국세청에서 조사업무를 오래 하다 보니 이런 눈매가 되어버렸네요."라고 말한다. 모두들 깔깔거리며 웃지만 사실 완전히 농담은 아니다. 그리고 아직도 젊은 시절 악바리처럼 일했던 그 자리가 그저 그립고

되돌아가고 싶다.

막상 민간기업에 자리를 잡으니 주변의 따가운 눈총과 질투의 시선이 생각보다 심했다. 아무도 도와주는 사람이 없으니 내 자리는 나 스스로 만들어야겠다는 생각이 들었다. 실력을 인정받고 전문가로서 위치를 확고히 하기 위해 내가 먼저 선택한 것은 강연과 글쓰기였다.

강연에 뛰어들기로 결정은 했지만 막상 어떻게 해야 할지 계획이 서질 않았다. 사실 세금 이야기는 그 일에 종사하는 사람들조차 강의를 들으면 자고 싶을 정도로 어렵다. 그러니 세금을 전혀 모르는 사람이나 어설피 알고 있는 사람들에게 제대로 전달한다는 건 정말 어렵고 힘든 일이었다.

특히 강연이라고 하면 대중 앞에서 떨지 않고 모든 걸 다 외워서 이야기해야 하는데, 경험도 별로 없고 강연기술도 없다 보니 사실 겁이 많이 났다. 지금이야 준비가 조금 부족해도 그간의 경험에 의해 어디서든 자신감이 생기지만, 처음에는 등에서 땀이 나는 어려운 일이었다. 그래서 이를 극복하기 위한 연습을 시작했다.

우선 다른 사람들의 강연을 찾아 열심히 들어 보았다. 그들의 말투와 제스처를 연구했고, 어떻게 할 때 가장 인상 깊은 강의가 되는지 조사했다. 그리고 인터넷 유머 사이트를 찾아보고 유머 책을 사서 강연 도중 적당히 웃길 수 있는 재료를 모았다. 거기에 그동안 내가 기록해 두었던 자료들을 모아 강의자료를 만들었다.

강의자료를 가지고 집에서나 자동차 운전을 하면서 혼자서 중얼거리며 이래저래 해보고, 거울도 보고 연습했다. 마지막으로 캠코더로 강연하는 것을 찍어서 화면을 통해 검토하고 고쳐야 할 부분에 대한 교정을 수없이 했다.

강사자리를 얻는 것도 그리 쉬운 일이 아니었다. 강의를 잘 하기 위해 평소 알고 지내던 한국금융연수원 보험강사에게 조언을 먼저 구하고, 내가 연습하는 과정을 보여 주었다. 그 결과 그분이 나를 강사로 금융연수원에 소개해 주었다.

강의 첫날 금융연수원 직원이 강의실 맨 뒤에서 나의 강사자격을 확인하기 위해 앉아 있었다. 연세가 좀 많은 분들을 대상으로 한 강의였기에 좀 힘들었지만 그래도 무사히 합격점을 받아 벌써 6년 넘게 강의하고 있다.

매주 한 꼭지씩 글을 쓰겠다

강의를 할 수 있게 되자, 이제는 글을 쓸 차례라고 생각했다. 먼저, 알고 지내는 사람들에게 글을 매주 한 꼭지씩 이메일로 보내기 시작했다.

사실 매주 한 꼭지의 글을 쓴다는 것이 그리 쉬운 일은 아니다. 게다가 글을 전문적으로만 쓰면 사람들이 읽지 않는다. 세무라고 하는 전문적인 지식을 생활과 연결해서 재미있게 써야 하는데, 실생활에 적용하기 어려운 전문적인 내용은 사람들에게 어필하기 어렵기 때문이다.

강의에 청중이 필요하듯 글도 독자가 있어야 했다. 나 혼자 보려고 글을 쓰는 것은 아니기 때문이다. 신문이나 잡지 같은 매체에 글을 쓰고 싶었지만 딱히 아는 기자나 소개를 받은 데가 없었다. 그래서 무작정 여러 매체 경제기자들에게 메일을 보냈다. 샘플 원고 몇 개를 첨부하고, "미리 정한 주제에 대해 1년 동안 매주 한 꼭지씩 50개를 쓰겠다."라는 내용이었다.

얼마 후 이코노미스트에서 연락이 왔다. 정해진 주제로 연재해 보자는 제안이었다. 나는 정말 좋은 기회라고 생각하고 나름대로 열심히 글을 썼고, 그로 인해 주요 일간지에서도 기고 요청이 오기 시작했다. 당초 1년 동안 연재할 생각이었던 이코노미스트에 3년 정도 연재하면서 좋은 인연도 맺을 수 있었다.

사람들은 성공한 사람들을 보면 부러워하거나 시기, 질투를 하는 경우가 많다. 차라리 존경하지 못할망정 시기, 질투를 하는 것은 잘못된 것이라고 생각한다. 연예인이 유명해지기 위해 밑바닥 생활을 감수하면서 얼마나 많이 노력했을 것이며, 부자가 되는 사람들 중 다수가 돈을 모으기 위해 얼마나 머리를 써가면서 고민하고 스트레스를 견디었을 것인가.

그 대열에 합류하기 위해서는, "나는 안돼."라고 스스로를 낮추거나 "부모님이 나에게 준 것이 없어."라고 부모를 원망하거나, "밑천도 없고 준비된 것도 없어."라고 낙담하지 말고, 스스로 일어설 준비를 해야 한다.

그 누구도 나를 만들어 주지 않는다. 저절로 내가 일어나는 것도 아니다. 아무리 머리가 좋아도 공부하지 않으면 시험에 합격할 수 없는 것과 같은 이치다. 주어진 환경을 그저 바라만 보고 있는 것이 아니라 자신이 스스로 성공할 수 있는 환경을 만들어 가야 한다.

Check Point

직장에 입사해서 그저 선배들을 따라하면 임원 자리에 오를 수 없다. 장사하는 사람이 손님이 오기만을 기다리면 돈을 벌 수가 없다. 학생이 선생님이 가르쳐 준 것만 알려고 하면 더 이상의 지식을 얻을 수 없다.
항상 자신을 채찍질하면서 노력해야 성공한 사람이 될 수 있다. 그리고 스스로 일어서야겠다고 결심했다면 꾸물거리지 말고 벌떡 일어나야 한다.

chapter ... 20

경력의 유효기간을 끊임없이 연장하라

내가 삼성그룹에 들어가서 교육을 받을 때 일이다. 당시 경력사원으로 입사하는 직원 100여명 가운데 96명이 박사학위를 가지고 있었다. 그것도 대부분 외국 박사학위였다. 그런데 이런 대단한 인물들의 교육담당자가 하는 말을 듣고는 정말로 깜짝 놀랄 수밖에 없었다.

"여러분이 받은 박사학위는 3개월이면 유효기간이 끝납니다. 3개월이면 새로운 이론과 제품이 생산되고 6개월이면 새로운 지식을 배운 새로운 박사가 탄생되어, 여러분이 배웠던 것이나 연구했던 것은 구닥다리가 될 수 있습니다. 그러니 박사라는 생각을 버리고 다시 시작한다는 마음으로 밤새워 공부하세요."

이런 말을 들으면 인간으로 태어난 것이 불쌍하다는 생각이 들기도 한다. 그러나 어찌하랴 인간세상에 이미 들어와 있으니. 그래도 이런 곳에서 승리하는 사람이 있는데, 과연 그들은 누구일까?

안중근 의사께서는 "하루라도 책을 읽지 않으면 입안에 가시가 돋는다."라고 말씀하셨다. 정신적인 안정과 훌륭한 인격을 유지하기 위해서는 쉬지 않고 선조들의 좋은 말씀을 글로 대하여 자신의 인격을 수양해야 한다는 의미다. 그렇다면 경제적, 사회적 성공을 위한 수양을 위해서는 반드시 "하루라도 칼을 갈지 않으면 칼날에 녹이 슬어 칼을 쓰지 못하게 된다."라는 말을 실천해 매일 칼의 날을 세워야 한다.

나는 지금까지 세금과 재테크에 관한 글을 참 많이 썼다. 그러나 단 한 줄도 남의 글을 참고하지 않았다. 직접 경험하거나 이론을 연구하고 각종 판결문 등을 분석해서 나만의 글을 써왔던 것이다.

사실 세금 같은 전문적인 내용의 책을 여러 권 내기란 쉬운 일이 아니다. 재테크 관련 서적 또한 그 내용의 한계로 인해 여러 권을 집필한다는 것은, 했던 말을 또 하는 '재탕'이 되기 쉽다. 하지만 이러한 문제를 피할 수 있었던 것은 절대로 남의 것을 베끼지 않고 내가 직접 법전을 보고 판결문을 연구했기 때문이다.

남이 해놓은 것을 보고 베끼다 보면 그 범주를 넘어서는 아이디어가 절대 나올 수 없다. 그래서 새로운 안목을 유지하기 위해 이미 출간된 다른 책들은 보지 않았다.

그러다 보니 글 한 편을 쓰더라도 찾아야 할 자료가 많았다. 덕분에 새로운 지식이 계속 쌓이고 이것들이 모여 책으로 한 권, 한 권 나올 수 있었다.

전문가라 해도 끊임없는 공부가 필요하다

내가 재테크 책을 쓴다고 하니 주변에 알고 지내던 재테크 고수들이 "네가 재테크에 대해 뭘 안다고 글을 쓰냐. 아마 남이 써 놓은 글을 베끼기나 하겠지."라고 말했다. 그러나 나는 이미 그들에게서 그 분야 지식과 경험을 간접적으로 습득했고, 자격증 공부를 하면서 이론적 지식도 갖추어 놓은 상태였다.

무엇보다 나에게는 비밀노트가 있었다. 그동안 국세청 공무원 시절, 세무조사를 하면서 만났던 수백 명의 부자들과 금융권에서 만나 상담했던 수많은 거액자산가들의 가르침이 담긴 노트다. 그 노트에는 그들이 어떻게 살아왔으며, 어떻게 투자해서 돈을 벌었고, 각 경제상황에서 어떻게 대처하는 것이 좋은지에 대한 내용이 들어 있다.

부자들의 가르침을 직접 실행해 본 결과 대체로 성공적이라는 것을 알게 됐고, 내가 거기에 좀 더 성공확률을 높일 수 있는 방안을 추가한 것이 글의 좋은 소재가 되었다.

자신의 전공 분야라 해도 항상 새롭게 바뀌는 현실에 적용하기 위해서는 공부와 경험을 계속할 필요가 있다. 이를 위해서는 자격증을 취득하거나 그 분야의 전문잡지를 정기구독하고, 같은 업종에 종사하는 사람들과 잦은 의사소통을 통해 흐름을 좇아야 한다.

무엇보다 자신이 경험한 지식이야말로 지혜로 발전되는 것이기에 이론이나 말보다는 체험하는 게 좋다. 사회는 자기 전공 분야에만 기대어 만족하며 살 수가 없다. 특히 경제분야에 대해서는 자신이 전공하지 않았다 해서 이를 멀리하거나 등한시 하지 말고, 어려울수록 이해하기 위해 더 열심히 노력해야 한다. 그래서 매일 신문의 경제면을 먼저 읽는 습관을 들이고 경제 관련 뉴스나 프로그램을 자주 접하려는 습관의 전환이 필요하다.

Check Point

매일 변화하는 사회에 적응하도록 훈련하고 지속적으로 지식을 습득하라. 그러면 어느 날 자기 분야에서 성공한 전문가로 우뚝 서 있을 것이다. 잘났다고, 아는 것 많다고, 가진 것 많다고, 뒤뚱거리며 시간을 허비하는 사람에게는 미래가 없다. 또한 절대로 출세할 수 없다거나 돈 벌 수 있는 능력이 없다고 인생을 대충 사는 사람도 하루하루 퇴화되어 갈 뿐이다.

자기가 현재 아는 것, 가진 것을 그대로 유지한다면 본전치기는 한 것 아니냐고 생각할지 모르나, 절대 그렇지 않다. 다른 사람들은 계속 노력해서 나보다 더 나은 위치에 앉아서 나를 바라볼 수 있기 때문이다.

Lesson for a billionaire

100억짜리 부자 수업

100억대 부자들은 과연 어떤 사람들일까? 몇 대를 쓰고도 남을 돈은 도대체 어떻게 벌었을까? 게다가 무일푼에서 시작해도 그렇게까지 큰 부자가 될 수 있는 것일까?

여기에 소개된 부자들은 각자 다른 계기를 통해 큰돈을 벌었다. 즉, 환경이 중요한 것은 아니다. 다만 사람을 중시하고, 신뢰를 끝까지 지키고, 현실에 안주하지 않는 자세는 자수성가형 부자들에게서 공통적으로 발견되는 중요한 요소다.

Part 3

100억대 부자들, 그들은 어떻게 돈을 벌었을까?

부자가 되는 한 가지 방법이 있다.
내일 할 일을 오늘 하고 오늘 먹을 것을 내일 먹어라.
– 유대 속담

chapter ...01

심부름꾼에서 매출 150억 원의 회사 대표가 되다

진열장 너머의 멋진 가죽옷을 입은 마네킹 옆에서 일본어를 유창하게 구사하며 열심히 설명하고 있는 김영수 사장. 그는 60명 남짓한 직원과 함께 해마다 매출 150억 원을 올리는 법인체를 운영하고 있다. 초등학교만 졸업했을 뿐인데도 일본어와 영어가 아주 유창하고 재산도 상당하다.

동생이 넷인 김 사장은 충청도 시골에서 유년시절을 보냈다. 초등학교에 입학하던 해에 아버지가 폐결핵에 걸렸는데, 끝내 병을 이기지 못하고 돌아가셨다. 이제 가족은 뿔뿔이 헤어져야 했다. 어머니 혼자 다섯 아이를 건사할 도리가 없었기 때문이다.

김 사장은 송탄으로 가게 되었고, 그곳에서 미군을 상대로 고가구를 파는 가게의 심부름꾼으로 취직했다. 그때는 밥을 먹여 주고 잠만 재워 주면 월급이야 있든 없든 고마워했던 시절이다. 아침 9시부터 밤 10시까지 잠시 쉴 틈도 없었다. 가게 문을 닫고서도 가게 청소하고 가구 손질하고 정리하다 보면 새벽 1~2시는 보통이었다. 말 그대로 뼈 빠지게 일했다.

휴일이고 밤이고 시키는 대로 열심히 일하는 김 사장을 보고 고가구점 주인은 "네가 스무살이 되면 점포 하나 떼어줄 테니 열심히 하거라."고 말했고, 이를 굳게 믿은 김 사장은 월급 한 푼 제대로 받지 못하면서도 열심히 일했다.

그런데 어느 날 고가구점 주인이 가게를 정리하더니 미국으로 이민을 떠나는 게 아닌가. 그동안의 고생이 말짱 헛고생이 된 것이었다. 세상의 쓴맛을 알게 된 김 사장은 어떻게든 잘 살아봐야겠다는 의지가 불타올랐다.

그때 마침 평소 김 사장의 성실성을 눈여겨보던 의류업체 사장이 일자리를 제공했다. 생각과 달리 옷공장은 고가구점보다 더 힘들었다. 늘 기름칠을 해야 하고 메고 지고 날라야 하는, 그야말로 막노동과 다름없었다. 그래도 김 사장은 열심히 일했다.

그러던 어느 날, 사장 심부름으로 한 옷가게에 들르게 되었다. 그런데 그곳은 전혀 딴 세상이었다. 점원은 깨끗한 옷을 입고 있었고, 업무 환경도 좋고, 힘든 일은 하지 않아도 되고, 돈도 더 많이 벌고 있었던 것이다. 김 사장은 '나도 저렇게 할 수 있어.' 라고 혼자만의 다짐을 하고 공장으로 돌아와 영어를 공부하기 시작했다. 적어도 영어를 할 수 있어야 판매직으로 나갈 수 있다는 생각에서다.

옷공장에는 미군 손님이 많아 주위사람들이 거의 다 영어를 할 줄 알았기 때문에 쉽게 영어에 다가갈 수 있었다. 한 해가 지나 영어로 물건을 팔 수 있을 만큼 되자, 사장을 찾아가 판매직에서 일하게 해 달라고 요청했고 허락을 받았다.

내 가게를 가져야겠다!

사춘기에 접어들면서 김 사장은 생각이 많아졌다. 시골에서 태어나 배운 것 하나 없고, 부모에게 물려받은 재산도 없으며, 든든한 뒷배경이 있는 것도 아니었다. 정말 앞날이 깜깜해 보였다. 부모가 원망스럽고 동생들이 부담스러워 방황도 많이 했다. 자포자기 끝에 그냥 막살아 볼까 생각도 하고 미국으로 도망칠 생각도 했다. 그러나 '이 모든 고통이 어차피 주어졌다면 이겨내자.' 는 오기가 솟아올랐다.

김 사장은 그즈음 박정희 대통령이 우리 경제를 일으킨 경제개발 5개년 계획을 모방하여 자신만의 경제개발 5개년 계획을 세웠다. 1차 계획으로 5년 동안 종자돈을 모으고, 2차 계획으로 서울로 올라가 큰물에서 장사를 배우면서 돈을 더 모아 11년째 해에 가게를 차리기로 했다.

계획을 세우자 곧 일거리가 생겼다. 서울 이태원에서 미군과 일본인을 상대로 가죽옷을 파는 업체에서 그를 고용하고 싶다고 한 것이다. 그것도 그때(1981년) 월급으로는 꽤 많은 40만 원에 숙식을 제공하고 판매수당까지 준다고 했다.

그렇게 해서 이태원에 있는 '갑부사'라는 의류점에 판매원으로 취직했다. 거기서 그는 주어진 대로 일하는 것이 아니라 나름대로 판매를 높이는 전략을 구상했다.

다른 판매원은 근무시간에 관광객이 머무는 곳에 찾아가 치수를 재고 시침을 하고 배달하였으나, 김 사장은 근무시간에는 열심히 판매하고 근무가 끝난 9시 이후에 손님의 숙소를 방문하여 치수를 재고 배달했다. 그 결과 판매수량이 다른 판매원에 비해 몇 곱절에 이르렀다. 그리하여 가게 주인에게 두터운 신망을 얻고 두툼한 보너스도 챙기게 되었다.

김 사장은 그전에는 월급을 받으면 거의 다 어머니에게 생활비와 동생들 학비에 쓰라고 보내주었다. 하지만 자기만의 경제개발 5개년 계획을 세운 뒤에는 독한 마음을 먹고 생활비 보내기를 그만두기로 했다. 어머니로서는 힘든 일이겠지만, 먼 장래에 자기 가게를 갖겠다는 꿈을 이루려면 지금의 아픔이나 고통은 참고 이겨내야 한다고 생각했기에 독하게 마음먹고 실천에 옮겼다. 다만 동생들 학비는 계속 지원해 주었다.

갑부사에서 일할 때는 일본인 손님이 많았다. 6년 동안 일본사람을 상대하다 보니 그들의 사고방식에 공감하는 것이 있었는데, 바로 신의와 성실이었다. 김 사장은 이런 일본인들과 꾸준히 접촉하면서 처음과 끝이 늘 같도록 하고, 약속을 철저하게 지키고, 무슨 일이 있을 때는 개인 돈을 털어서라도 고객을 만족시켰다. 그리하여 이들과 지금까지도 인간관계와 사업관계를 유지할 수 있었다.

1987년 5월, 김 사장을 옆에서 꾸준하게 지켜보았던 갑부사 주인은 김 사장에게 "내년에 올림픽이 열리면 많은 외국인이 한국을 찾을 것이고, 그때 이태원도 돈 벌 기회가 올 거야. 자네 같은 성실한 사람도 돈 벌 기회를 가져야지. 내가 가게 하나 봐 둔 게 있으니 이젠 독립하게."라고 말했다.

하지만 가게를 인수할 만한 돈이 없었다. 수중에는 2천만 원만 있었는데, 그 정도로는 턱없이 모자랐다. 그러나 가게를 하겠다는 강한 의지 앞에서 모자란 돈은 문제가 될 수 없었다. 김 사장은 알고 지내던 분을 찾아뵙고 동업을 제의했다.

김 사장을 평소 좋게 보았던 동업자는 자신에게 불리한 동업 제안에도 흔쾌히 승낙했다. 그리하여 김 사장은 그렇게 원했던 자신의 가게를 갖게 되었다. 계획보다 4년 앞당겨서 말이다.

백화점의 벽을 뚫다

나중에 김 사장은 홀로 사업을 꾸려가고자 동업자를 정리하고,

1991년부터 일본 수출을 준비했다. 기존 고객을 통해 일본업체들을 소개받아 손수 디자인한 옷으로 상담을 시작했다.

여름과 가을이면 한국보다 일본에서 더 많은 시간을 보내며 열심히 뛰다 보니 제품을 인정받아 많은 옷을 수출하게 되었다. 또 수출실적을 바탕으로 국내시장에 뛰어들어 유명 백화점 공략에 나섰다. 백화점에 들어간다는 것이 말처럼 쉽지는 않았지만 적극적으로 달려들어 명동에 있는 제일백화점에 매장을 얻을 수 있었다.

그후 신원패션몰, 엠비, 신세계, 현대, 롯데 같은 유명 백화점에 차례로 매장을 열었다. 품질관리에 세심하게 신경을 쓰고, 손해를 보더라도 끝까지 책임지는 사후관리 덕에 해마다 매출이 올랐다. 국내 매장은 다른 관리자에게 맡기고, 김 사장 자신은 수출에 힘을 기울였다. 그러자 수출과 내수 모두 탄탄해져 사업은 꾸준하게 성장했다. 외환위기는 더 큰돈을 벌어다 주는 계기가 되었다. 일본 수출을 많이 하다 보니 환차익이 많이 생겼던 것이다.

김 사장은 "옷이라는 것은 먹고사는 것과 관계가 없기 때문에 판매를 유지하려면 시각적 만족과 감각적 요인이 필요하다. 따라서 매장 인테리어와 질 좋은 상품 개발에 많이 투자해야 한다."고 말한다. 또 "옷이란 제조업체와 구매장소도 중요한 요인이기 때문에 판매장소가 백화점 같은 데 있는 것이 좋다."고 말한다.

이렇듯 소비자 심리를 잘 알다 보니 어느새 매출액이 80억 원을 넘어섰고, 개인으로는 도저히 감당하기 어렵다고 판단해 드디어 주식회사를 내고 대표이사로 취임했다. 꿈만 같은 일이 현실로 나타난 것이다.

Check Point

아무런 미래도 보이지 않는 상태에서도, 장기적으로 계획을 세우고 꾸준히 밀고 나가는 것은 매우 중요하다. 계획을 세우지 않는 것은 실패를 계획하는 것과 같다는 말도 있지 않은가.

김영수 사장이 어려운 가운데서도 자신만의 경제개발계획을 세운 것은 매우 주목할 만하다. 그리고 그 계획을 실현하기 위해 전력투구를 한 결과 큰 부자가 되었던 것이다.

chapter ...02

벼랑에 주유소를 세워 성공한 사나이

지금은 영덕대게를 모르는 사람이 없지만, 남수영 사장이 태어났을 때만 해도 영덕은 강원도보다 더 오지였다. 그는 복사꽃 길을 따라 걸어다니면서 초등학교와 중학교를 겨우 마쳤다. 공부에 별로 마음이 없었을 뿐 아니라 가정형편도 어려워서 고등학교는 생각도 하지 않았다. 아버지같은 고단한 어부생활을 하기 싫었지만 중학교를 졸업하고 당장 할 수 있는 게 없어서 몇 해 동안은 고기 잡는 일을 할 수밖에 없었다.

18살에 친지 소개로 트럭 운전 조수로 취직했다. 말이 취직이지, 차가 귀하던 시절이라 운전을 배우는 것만 해도 감지덕지해야 했다. 월급은 당연히 없었고, 잠자리는 트럭 운전석 뒤의 좁은 공간이었다. 여름에는 답답함을 참기 어려웠고, 겨울에는 찢어진 군용 침낭

각을 달리했다.

정유회사에서 외상으로 사올 수 있는 물량을 계산해 보니, 그 돈이면 땅을 더 사서 주유소와 휴게소를 더 낼 수 있었다. 남 사장은 그 돈으로 다른 곳에 주유소와 휴게소를 냈다.

그렇게 주유소와 휴게소를 하나하나 늘려 나갔다. 그러다 보니 정유회사로서는 남 사장이 큰 고객이 되었고 더욱 가격을 깎아주며 여러 혜택도 주었다. 다른 주유소보다 외상 대금을 3개월 더 늦게 갚게 됨에 따라 남 사장은 자금 여유가 커지고 수익도 극대화되었다. 이렇게 해서 늘어난 주유소가 무려 9개나 되었다.

게다가 쓸모없는 땅을 가꾸어 주유소와 휴게소를 지었기 때문에 부동산 가격도 크게 올랐고, 땅값을 자신이 부담한 것이 아니라 정유회사에서 지원받은 외상대금으로 산 것이기 때문에 이자 부담이 없었으며 자금 압박도 없었다.

그즈음 남 사장은 또 다른 사업을 구상한다. 문득 승합차가 부쩍 눈에 많이 띄였는데, 앞으로는 가스충전소가 돈이 되겠다는 판단이 든 것이다. 가스충전소에 대해서 알아본 남 사장은 빨리 허가를 낸 사람이 나중에 유리한 자리에서 돈을 벌겠다는 생각에 일을 서둘렀다.

그래서 주유소를 은행에 근저당을 잡히고 돈을 빌려 충전소를 차리려 했으나, 기존의 주유소까지 같이 운영하기가 어려울 것 같았다. 그래서 영업이 잘되는 주유소 다섯 곳을 골라 좋은 조건으로 팔고, 다섯 곳에 가스충전소를 지어 영업을 시작했다.

주유소를 정리하고 나니 참으로 부자가 되었다는 것을 느낄 수 있었다. 왜냐하면 부동산을 팔고 난 돈이 천문학적 숫자로 통장에 찍혀 있었기 때문이다. 그후 그 돈은 전문 자산관리사에게 맡기고 자신은 사업에만 신경을 쓰고 있다. 지금은 가스충전소가 효자가 되어 남 사장을 즐겁게 해주고 있다.

Check Point

트럭 운전기사에 불과했던 남수영 사장은 삶의 바닥에서 불을 피워 큰 부자가 된 사람이다. 돈을 벌기 위해 남을 따라간 것이 아니라 자기가 있는 곳에서 기회를 포착할 줄 알았던 것이다. 어쩌면 남들에게는 그 기회가 보이지 않았을지도 모른다. 하지만 그는 사소한 것을 자신만의 기회로 만들었을 뿐만 아니라 엄청난 가치로 키워낼 줄 알았다.

chapter …03

충실한 직장생활이 '돈벼락'을 위한 터 닦기가 되었다

김주영 사장은 1980년대 초 대기업에 입사하면서 사회에 첫발을 내디딘 이래 10년이 넘게 평범한 직장인으로 일했다. 한 달 용돈에 목숨을 거는 전형적인 월급쟁이였다. 국문학을 전공한 그는 변변한 자격증도 없었고 그렇다고 남다른 능력이 있는 것도 아니었다.

신입사원 시절에는 인사 관련 부서에 배치됐지만 3년 뒤엔 총무과로 자리를 옮겼다. 그곳에서 그는 회사의 업무용 토지를 사들이기 위한 사전 탐사를 하게 되었고, 좋은 부동산을 발견하면 전국 어디라도 지점을 개설하는 업무를 맡았다. 하지만 이전의 업무와 달리 어느 정도 부동산 관련 지식이 필요한 일이라 스트레스가 심한데다 잦은 출장으로 어려움이 많았다.

외환위기에 직장을 잃다

업무가 힘들었지만 위기는 기회라고 생각한 김 사장은, 관련 분야 자격증을 따야겠다고 생각했다. 그렇게 해서 준비한 것이 공인중개사 자격이었는데, 바쁜 가운데서도 밤늦도록 공부한 덕에 준비한 지 6개월 만에 자격증을 딸 수 있었다.

예상과 달리 중개사 자격은 업무에 그리 큰 도움은 되지 못했다. 부동산 전문지식보다는 현장 경험이 더 중요했기 때문이다. 그러나 실무 경험이 늘면서 자격증 취득에 투자했던 시간에 대한 보상이 점차 현실로 나타나기 시작했다. 즉, 이론과 실무를 두루 갖춘 부동산 전문가로 거듭날 수 있었던 것이다.

부동산 업무를 담당하던 김 사장은, 우리나라 부동산시장을 눈여겨보면서 부동산이 유망한 투자처라고 확신하게 되었다. 그리고는 월급쟁이인 자신의 처지에서 월급만으론 뛰는 물가와 벌어지는 소득격차를 도저히 따라잡을 수 없다고 판단했고, 자금을 최대한 동원해서 부동산에 투자하기로 했다. 그러나 모을 수 있는 자금이 얼마 되지 않아 서울 소재 부동산에 투자할 수는 없었다.

고민 끝에 지금은 별로지만 장차 성장잠재력이 큰 지역을 확보하고 기다리자고 마음먹었다. 투자처를 찾던 중, 수도권의 팽창속도로 보아 화성지역이 유망하다는 판단이 섰다. 그래서 1991년에 3.3평방미터당 1만 원 정도에 도로변 농지 6,611평방미터(2,000평)를 샀다.

10년은 묵혀 둘 생각이었다.

그러던 중 외환위기로 말미암아 회사가 어려움에 빠지게 되었다. 구조조정을 하면서 당시 차장이었던 김 사장도 명예퇴직 위기에 몰렸다. 그러다 결국 1998년 여름에 직장을 그만두어야 했다. 이때 받은 것이라곤 퇴직금과 위로금으로 받은 1억 원이 전부였다.

하루아침에 직장을 잃은 김 사장이 새로운 일을 찾기까지, 6개월 동안의 시간은 하루하루가 그야말로 지옥 같았다. 먹고살 길이 막막했던 김 사장은 더는 궁지에 몰릴 수 없다고 생각하고 부동산 중개업을 하기로 마음먹었다. 그나마 회사에서 부동산 관련 업무를 했던 터라 가장 유리할 것이라는 판단에서였다.

역시 부동산은 강남이 최고야

하지만 외환위기 이후 부동산 거래는 별로 활발하지 않았다. 김 사장은 겨우 수익과 비용을 맞추었고 미래에 대한 불확실성이 너무도 컸다. 조금씩 자리를 잡아가던 김 사장은 거래 건수가 있더라도 값이 잘 오르지 않는 강북보다는 훨씬 가능성이 큰 곳으로 옮겨야겠다고 결정했다.

그리하여 1999년 말 강남구 대치동으로 중개업소를 옮겼다. 거기에서 그는 빠르게 자리를 잡아 갔다. 특유의 친화력으로 고객을 끌어들이기 시작한 것이다. 그뿐 아니라 강북에 있을 때와 달리 사고파는 부동산의 규모도 크게 차이가 나면서 중개 수익은 큰폭으로 늘기 시작했다. 보잘것없던 수익은 어느 사이엔가 월 천만 원을 넘어섰다.

'현재 부동산 분위기는 찬바람이 불고 있지만 경제 부흥을 위해 정부는 반드시 건설 경기를 부추길 것이고, 그러면 반드시 부동산 값은 올라갈 것이다.' 라고 판단한 김 사장은, 그때를 위해 사전 정지 작업을 하고 있었다. 그래서 만나는 고객마다 "지금은 부동산시장이 맥을 못추고 있지만, 정부가 부양책을 발표할 것으로 보이므로 살 사람은 지금 사야 한다."고 주장해서 많은 고객에게 부동산을 사도록 권했다.

실제로 2001년 7월에 정부가 5 · 23 조치를 발표하면서 시장은 눈에 띄게 움직이기 시작했다. 신규 아파트시장을 중심으로 부동산시장이 크게 활성화되면서 거래 건수도 늘고 매물의 규모가 커졌다. 일단 불이 붙기 시작하자 거래가 크게 늘더니, 2001년 7월 이후에는 매달 순익만도 5천만 원을 넘었다. 고객들은 김 사장이 시장을 읽는 눈을 인정했던 것이다. 더구나 고객들은 김 사장의 친절한 설명과 더불어 끝날 때까지 책임지는 자세에 만족했다.

손님이 늘면서 직원도 늘었다. 김 사장은 중개 영역을 넓혀 수도권과 충청권의 부동산 거래까지 손을 대기 시작했다. 내친김에 중개 업무에 국한하지 않고 직접 투자에도 나섰다. 시장 분위기로 보아 현재의 부동산가격이 너무 낮다 보니 나중에는 반드시 오를 것이라는 확신이 들었고, 그동안 번 돈을 모두 털어서 투자한 것이었다.

그 예상은 보기좋게 적중했다. 강남이라는 입지적 여건에 친절하고 성실한 부동산이란 소문이 돌아 손님이 몰려들었던 것이다. 2002년에는 수익이 크게 늘어 한 달 순익 1억 원에, 한 해 수익은 무려 14억 원에 이르렀다. 1999년 말부터 2년여 동안 김 사장이 벌어들인 수익은 거의 21억 원에 이르렀다. 말 그대로 대박이 난 것이다. 그리고 여기에 그치지 않았다. 2002년 말에는 시가 300억 원이 넘는 사무실 빌딩의 거래를 세 건이나 성사시켜 15억 원을 벌어들였다.

그렇다고 해서 성공이 그냥 얻어지는 것은 아니었다. 법인 사이의 대규모 부동산 거래는 원래 성사되기가 무척 어렵다. 거래기간도 길고 쉽게 깨지기도 한다. 그뿐 아니라 규모가 큰 법인 사이의 거래인 만큼 완벽한 자료와 물권 분석력, 설득력 있는 프레젠테이션 능력, 각종 세금 관련 전문지식도 필요했다.

김 사장은 이런 여러 상황에 대처할 수 있도록 직접 전문 교육을 하는 곳에서 야간 강의를 듣는 등 다각적인 노력을 기울였다. 여기에 김 사장 특유의 친화력 및 대기업 총무팀에서 근무하며 얻은 법인 부동산 관련 지식, 자료정리 및 문서작성 능력이 큰 도움이 되었다. 게다가 거래가 꼭 이루어지도록 '불독' 이라는 별명을 들을 만큼 열심히 일했다.

그후로도 김 사장의 성공은 계속되었다. 2003년에도 500억 원 규모의 사무실 빌딩과 토지를 거래한 것을 포함해, 6명이 넘는 직원들이 발로 뛰며 얻은 수익이 10억 원이 넘었다.

김 사장은 자신의 자산을 현금으로만 묻어 두지 않았다. 부동산 전문가인 만큼 부동산이 자산 증식 효과가 확실하다는 판단 아래, 수익이 생기는 대로 강남 주요지역의 작은 빌딩과 아파트에 투자했다. 그리고 전문가로서 자신의 판단이 예외 없이 맞아 들어가 자산 규모는 시간이 갈수록 커졌다.

일이 잘 되려니 덩달아 좋은 일이 생겼다. 13년 전에 샀던 화성의 땅값이 3.3평방미터당 1만 원에서 100만 원으로 100배가 뛰면서 손안에 20억 원이 고스란히 들어온 것이다. 말 그대로 돈벼락을 맞은 듯 자산증식이 되었다. 1999년부터 5년 만에 김 사장의 자산은 4억 원에서 60억 원으로 크게 늘어났다.

Check Point

김주영 사장은 젊은 시절 충실했던 직장생활에서 얻은 경험과, 공인중개사 자격증을 따려고 한 공부와, 그 자격증 덕에 오늘날 부자가 될 수 있었다고 생각한다. 하지만 주위에서는 김 사장 특유의 친절함, 설득력, 노력이 더 큰 요인이라고 말한다. 또한 정확한 판단을 위해 준비하는 자세가 고객의 투자성공과 자신의 재산증식에 한몫 단단히 했다고들 말한다.

특히, 어려운 시기에도 더 큰 시장에서 한번 이겨보겠다는 의지와 도전정신, 낯설지만 돈을 벌 기회가 많아 보이는 강남으로 사업장을 옮긴 것, 그리고 하나하나 준비하고 시작하는 치밀함이 김 사장을 성공으로 이끈 요소다.

chapter ...04

공부하지 않고 부자 되는 법은 없다

전라도 사투리가 구수한 50대 후반의 김말순 여사. 김 여사는 전라도 강진에서도 한참을 더 들어가야 고향이 나올 정도로 깊은 시골 출신이다. 이제는 마음 편히 노후를 맞이할 수 있으나 지난 세월 동안 순탄하지 않은 인생을 살아왔다.

김 여사는 평범한 회사원과 결혼하여 단칸방 월세부터 시작했다. 안 입고 안 먹으면서 알뜰하게 저축하여 겨우 아파트를 한 채 장만했더니, 어느덧 남편이 퇴직할 때가 되었다. 아이들 키우고 집 장만하는 데 돈이 다 들어갔으니 당연히 노후 설계를 했을 리가 없었다. 막상 남편의 퇴직이라는 현실이 눈앞에 닥치자 걱정이 태산이었다.

그 전에 김 여사는 주식을 조금 한 적이 있다. 그리고는 남편 몰래 모아둔 돈으로 주식에 투자했다가 몇 백만 원을 날리자, 원금을 찾을 생각에 주식공부를 시작했다. 나름대로 원칙을 세워두고 철저한 분석과 전문가의 조언을 바탕으로 투자했지만, 끝내 알토란같은 2천만 원을 10년 새 모두 날리고 말았다. 그날로 신문과 경제 TV와 주식 관련 뉴스를 딱 끊고, 혹시 있을 주식의 유혹을 뿌리치기 위해 온갖 노력을 다했다.

5천만 원을 잃으면 주식을 끊겠다

남편의 퇴직금은 2억5천만 원이었다. 그 돈은 일단 투자신탁에 맡겼다. 하지만 이자만으로는 생활하기가 어려웠다. 그때 김 여사는 생활비로 쓰려고 보통예금에 넣어두었던 2천만 원을 찾기로 했다. 다시는 주식을 하지 않기로 마음먹었으나, 당장 생활이 쪼들리자 방법이 없다고 생각해 남편 몰래 다시 주식에 손을 댔다.

당시는 '바이 코리아' 열풍이 서서히 불기 시작할 즈음이었고, 주가지수가 300에서 650을 넘나들 때였다. 김 여사는 주식을 하면서 돈은 벌지 못했지만 나름대로 몇 가지 투자원칙이 있었다. 그 가운데 하나가 '눌림목 이론'을 따르는 것이었다. 주가지수가 최저점이었을 때와 최고점이었을 때의 차이의 3분의 1이 최고점에서 떨어지면, 더 내려가려고 눌러도 더 내려갈 수 없는 병목현상이 생긴다는 이론이다. 눌림목이 되는 곳에서는 반드시 반등하기 때문에 매매 차익을 얻을 수 있다는 것이다.

그래서 최저점인 300과 최고점인 650의 차이가 350임을 고려해, 350의 3분의 1인 120이 내려가 주가지수가 530이 될 때를 기다렸다가, 2천만 원으로 당시 주식시장을 이끌던 현대증권 주식을 샀다. 두 달이 채 못 되어 투자금이 두 배로 불어났다.

그러자 김 여사는 남편에게 그동안 주식에 투자했다고 고백했다. 그리고 "5천만 원을 잃으면 더는 주식투자를 하지 않겠다."고 약속하고는 퇴직금을 이용해도 좋다는 허락을 받았다.

김 여사의 각오는 비장하다 못해 처절했다. 만약 퇴직금을 날리면 노후뿐 아니라 가족의 생계도 막막해지기 때문이다. 아침에 눈을 뜨자마자 여러 경제신문을 살피고, 각 증권회사의 사이트에 들어가 자료를 검토하고, 장이 시작하기 전에 어떤 종목에 얼마 만큼의 사자 · 팔자 주문이 있는지를 알아보았다.

게다가 금리 동향과 원달러 환율을 확인하면서 관심 있는 상장회사 주식 담당에게 전화문의도 했다. 새벽에 미국 주식시장이 끝나면 미국에 있는 친척에게 부탁해 집에서 팩스로 시황자료를 받아 보았다. 말 그대로 피나게 공부하고 연구했다.

마침내 김 여사는 평소 눈여겨보던 포항제철, 엘지화학, 현대자동차에 2억 원을 투자했다. 나머지 5천만 원은 '바이 코리아' 열풍으로 후끈 달아오른 현대증권이 간접상품으로 팔고 있는 '나폴레옹 성장형'에 저축했다. 한 달이 채 되기 전에, 주식투자에서 20퍼센트가 넘게 수익이 나자, 이제는 주도주에 집중해야겠다고 판단해 엘지증권과 현대증권에 전액을 투자했다. 시대의 대세는 무서운 것이었다. 두 달이 지나자 거짓말처럼 돈이 배로 늘었다.

눌림목 이론으로 다시 큰돈을 벌다

간접상품인 '나폴레옹 성장형'이 3개월 후 수익률 87퍼센트에 이르자, 김 여사는 미련 없이 해약했다. 벌써 두 배 넘게 수익을 내고 있던 김 여사는 대형 우량주에 잠깐 투자해 수익을 내고는 모두 정리하고 나왔다. 이제는 집을 살 생각으로 부동산을 보러 다녔다.

그런데 종합주가지수가 계속 떨어지고 있었다. 이를 보던 김 여사는 다시 주식투자에 나섰다. 그동안 수익을 낸 '눌림목 이론'에 따른 것이었다. 얼마 후에 원하는 주가지수에 이르렀다. 약세장에서는 금융주가 어렵다고 판단한 김 여사는 좀 무겁다는 현대자동차를 주당 2만천 원에 1만 주, 현대전자를 주당 1만7천 원에 2만4천 주를 샀다. 나중에 주식이 올라 현대자동차는 주당 4만5천 원에, 현대전자는 주당 3만천 원에 모두 다 팔고 나왔다.

그리고 현대전자에 유무상 증자가 있다는 소식에 1만8천 주를 사서 1억 원의 차익을 얻었다. 모든 주식을 정리한 김 여사는 마지막으로 삼성전자 1만8천 주를 주당 24만 원에 샀다. 오래 두고 보겠다는 생각으로 한 투자였다. 그런데 잠깐 사이에 31만 원이 넘어서자 이것도 모두 정리해 버렸다. 겨우 한 해 남짓한 기간에 퇴직금 2억5천만 원이 무려 스무 배가 넘는 큰돈이 되어 돌아왔다.

김 여사가 그동안 주식시장에서 배운 것이 있다면 시작할 때와 떠나야 할 때를 가리는 것이었다. 주식시장이 서서히 기운다고 판단하고, 이제 부동산투자에 나섰다. 시장흐름이 채권에서 주식으로, 주식에서 부동산으로 이동한다는 것을 몸으로 배웠기 때문이다.

앞으로는 재건축 아파트가 돈이 되겠다고 생각해, 대지 지분이 많은 강남의 아파트를 찾기 시작했다. 대지 지분이 클수록 재건축을 하면 큰 평형의 아파트를 받을 수 있기 때문이다. 김 여사가 가장 먼저 산 곳은 강남의 청실아파트였다. 1999년에 116평방미터(35평) 아파트를 3억5백만 원에 사면서, 부동산은 결코 도망가지 않는다고 확신하고 앞으로 5년 동안은 아파트에 투자하기로 마음먹었다.

그런데 청실아파트의 재건축 시기가 점점 늘어지는 것이었다. 그래서 2001년 11월에 재건축이 임박한 43평방미터(13평) 영동아파트를 1억9천8백만 원에 샀다. 영동아파트 재개발 후 83평방미터(25평)로 분양받으면, 추가로 내는 8천만 원을 감안해도 투자 금액 대비 100퍼센트의 수익이 예상되었다. 그런데 운 좋게도 매입 후 6개월이 지나자 아파트 시세가 4억 원으로 올라 더 큰 투자수익을 기대할 수 있게 되었다. 2002년 중반부터 강남 부동산값이 엄청나게 올랐다. 그러자 정부에서는 부동산값 상승의 주된 원인이 재건축 대상 아파트에 대한 투기적 수요라고 판단하고, 재건축에 대한 제재를 준비하기 시작했다. 날마다 신문과 방송에서는 재건축에 대한 규제가 있을 것이며, 재건축 허가 요건을 강화하고 작은 아파트를 짓게 하는 등 재건축에 대한 이점을 없애려 한다고 보도했다.

그러자 김 여사는 청실아파트를 팔아 버렸다. 그 대신 재건축 승인을 받은 것은 상대적으로 값이 더 올라갈 여지가 많다고 생각해, 이미 재건축 승인을 받은 대치 도곡 제2아파트를 샀다. 2003년 1월이지만 가격은 이미 꽤 올라 있어 43평방미터(13평) 규모면 7억 원이나 갔다. 그러나 김 여사는 값이 더 오르기 마련이라 생각하고 과감하게 투자했다. 그 생각은 맞아 떨어져 시세가 8억5천만 원으로 올랐다.

김 여사는 이제 평생 여유 있게 생활할 수 있게 되었지만, 지금도 2억 원을 주식계좌에 입금해 놓고 날마다 두뇌운동(?)을 한다. 욕심이 없고 배짱에다 자금 여력이 있다 보니, 일희일비하는 전형적인 개미에서 벗어나서 게임을 즐기듯 주식매매를 하고 있다.

Check Point

김말순 여사는 여유자금이 있으면 주식투자도 한 번쯤은 해볼 만하다고 말한다. 다만 반드시 전체 유동자산 가운데 65퍼센트 이상 투자하지는 말라고 한다. 비상시에 투입할 자금이 있거나 충분히 생활할 수 있는 자금이 있다면, 주가가 오르길 기다리는 여유가 생기므로 손해를 보더라도 그리 크게 보지 않을 것이고 이익을 남길 확률도 높다고 김 여사는 강조한다.

chapter ... 05
기회는 잃어도 사람은 잃지 마라

백남기 변리사는 평안도 출신으로, 그의 가문은 평안도에서 부자로 유명했다. 그러나 한국전쟁은 많은 것을 바꾸어 놓았다. 부모 형제들이 고향을 떠나지 못하고 있을 때 그는 공부를 마저 끝내야겠다는 생각에, 1·4 후퇴 때 어머니를 모시고 남하했다.

그는 전쟁의 아수라장 속에서도 책가방을 늘 옆구리에 끼고 다니며 공부했고, 결국 서울대학교에 입학할 수 있었다. 전쟁터에서 맨주먹으로 남하한 유학생으로서는 하루 끼니가 가장 큰 걱정이었다. 고철을 주워 팔고 지게질을 하면서 한푼 두푼 모은 돈으로 학비를 내고 책을 사서 공부를 했지만, 혼자 감당하기에는 무리였다.

방법은 한 가지, 군대에 들어가는 것이 최선이라 판단하여 잠시 휴학하고 전쟁 끄트머리에 군대에 들어갔다. 그래도 고학력자라고 해서 장교로 가게 되었다. 전쟁이 끝나고 제대하면서 바로 복학했고, 군대에서 받은 월급은 한 푼도 쓰지 않고 모아서 학비로 썼다. 그나마 돈 걱정 하지 않고 공부에만 전념할 수 있게 된 것이었다.

졸업 후 그는 공무원으로 사회생활을 시작했는데, 주로 특허 관련 업무를 맡았다. 그는 일본 강점기에 소학교를 다녀서 일본어가 아주 유창했다. 그래서 특허 관련 법규를 만드는 일로 인해 자료조사차 일본을 드나드는 업무에 적격자로 인정을 받았다. 일본을 드나들 때 다른 일행들이 일본 법률자료나 보고 있을 때, 백 변리사는 실제로 특허를 제출하는 일본 회사를 직접 방문하여 진행과정, 문제점, 현황을 알아보았다.

그러다 보니 소니, 도시바, 도요타 등 일본 굴지의 대기업 관계자와 돈독한 유대관계와 우정을 쌓을 수 있었다. 그리고 실제 현장에서 어떻게 특허를 준비하고 어떤 과정을 통해 특허를 제출하는지, 특허 받은 권리를 어떻게 사용하고 있는지를 자세히 알게 되었다. 1970년대 들어서면서 점차 지적재산권 개념이 선진국을 필두로 세계적으로 퍼지면서, 각 나라가 개발도상국인 한국에 특허를 먼저 내려는 통에 특허 관련 업무가 바빠지기 시작했다.

특히 경제개발 5개년 계획으로 공업기반이 다져지자, 일본은 우리나라에서 특허권을 먼저 차지하고자 했고 이를 담당해 줄 변리사를 찾고 있었다. 당시 변리사법에는 특허 관련 업무에 사무관으로 5

년 이상 근무하면 자격을 자동으로 주는 조항이 있었는데, 이에 백 변리사는 자동으로 변리사 자격증을 취득하게 되었다.

특허 관련 전문가를 찾던 일본 기업체에서는 평소 가까이 지내던 백 변리사에게 접근했다. 일본 업체에서는, 특허 관련 법률을 직접 입안했고 실무를 오래 경험했으며, 현직에 있는 사람들과 유대 관계가 좋은 백 변리사에게 공무원에서 퇴직하도록 제안하였다. 나와서 일본 특허를 전담해 준다면 많은 돈을 주겠다는 것이었다. 하지만 백 변리사의 노모가 강력하게 반대했다. 정년이 보장된 좋은 직장을 버려서는 안 된다는 것이었다. 아내 또한 현재의 직장을 선호했다.

다시 기회가 찾아오다

결국 큰 기회를 마다한 백 변리사는 일본 기업들에게 사정을 잘 설명했다. 그 대신 다른 변리사를 선택하더라도 무료로 자문에 응하겠다고 말했다. 이런 인간적인 자세로 인해 일본 기업들은 백 변리사를 더욱더 의리 있고, 성실한 사람으로 평가하게 되었다. 자신에게 온 기회를 놓치면 인간관계마저 소원해지는 경우가 많지만, 백 변리사의 인간성이 오히려 더 굳은 인간관계를 만들어 놓은 셈이다.

그러던 차에 한국에 정변이 일어나 군인들이 정권을 잡았고, 백 변리사는 본인의 의지와 상관없이 공무원 생활을 그만두게 되었다.

퇴직할 때 정부에서는 어느 기업체의 임원자리를 5년 동안 보장해 주겠다고 했으나 당당한 자유인이 되기로 마음먹었다. 백 변리사는 곧바로 변리사 사무실을 열었다. 그리고 오랜 친구로 지내온 일본 기업들을 방문해 일거리를 부탁했다.

변리사 일은 예상 외로 큰돈을 벌게 해주었다. 변호사가 계약서를 공증해주면 공증금액에 따라 수수료를 받는다. 그런데 공증금액을 일본 기업의 매출 예상액을 기준으로 계산하다 보니 한 달 수입이 몇 억 원에 이르렀다. 돈이 얼마나 많이 들어오는지 신경 쓸 틈도 없이 어느새 백 변리사 가족 전체가 평생 쓰고도 남을 돈이 모였다.

그때까지 가족들은 공무원 생활에 익숙한 탓에 절약과 저축이 생활화 되어 있었다. 버는 것은 착실히 적금을 붓고 부동산을 사고 채권을 샀다. 한 번 들어온 돈은 좀처럼 빠져나가지 않았던 것이다. 거기에 백 변리사가 큰돈을 벌어들이니 어느덧 100억 원이 넘는 자산이 모였다.

Check Point

돈에 대한 백남기 변리사의 메시지는 다음과 같다.
"돈은 반드시 있어야 한다. 그리고 돈을 벌려고 노력해야 한다. 기회는 인생에 그리 많지 않다. 기회가 오면 과감하게 도전정신을 발휘해야 한다. 도전을 위한 지식은 평소 머릿속에 꽉 채워 두어야 하고, 사람과의 신의를 중요하게 여겨야 한다. 그리고 계획했던 목표를 이루었으면 더는 욕심을 내지 마라. 욕심은 근심을 부른다."

내 떨어지지 않는 발걸음으로 대문을 나섰다.

비보를 들은 건 시아버지에게 점심을 먹인 뒤였다. 남자는 음악선생 아내와 차를 타고 가다가 읍내의 육교를 들이받았다고 했다. 음악선생은 즉사했고, 남자는 혼수상태였다.

그 상황을 알게 된 시아버지는 며칠을 끙끙거리다가 집문서를 그녀의 손에 간신히 쥐어 준 것을 마지막으로 세상을 떠났다. 혼수상태인 남자는 여섯 달을 넘기지 못하고 세상을 떠났다. 그리고 그녀의 뱃속에 여섯 달 된 딸 서영이가 남았다.

토속 음식점을 내서 대박을 터뜨리다

그후로 그녀는 시아버지가 건네 준 집문서를 팔아 토속 음식점을 차렸다. 할 줄 아는 것이라곤 그저 음식 만드는 것밖에는 없었다. 돈을 벌기보다는 당장 먹고살려고 시작한 토속 음식점이었는데, 시대조류에 딱 맞아떨어졌다. 시골에서 어린 시절을 보낸 많은 사람들이 토속적인 옛날 음식을 먹어 보고자 하는 심리가 강했던 것이다.

장사가 너무 잘되어 김 사장은 말 그대로 돈방석에 앉게 되었다. 시골에서 시부모를 대하듯 정성스럽게 음식을 만들어 손님에게 내놓은 결과였다. 게다가 김 사장의 안타까운 사연이 알려지면서 손님이 더 많이 찾아들었다.

그러던 어느 날부터 같은 업종의 사업을 해보겠다는 사람이 하나 둘씩 김 사장을 찾기 시작했다. 처음에는 그저 있는 그대로 자신의 경험을 알려주었는데, 주위사람들은 체인점을 내거나 개업 상담을 해주면 돈이 될 거라고 충고해 주었다. 그것도 일리가 있다고 생각해서 자신만의 노하우를 바탕으로 자료를 만들어주는 전문 상담가로 변신했다.

또한 음식점을 낼 만한 장소를 미리 물색해 두기로 했다. 새로 개업하는 사람에게도 도움이 되고 자신도 돈을 벌 수 있다고 판단했기 때문이다. 그리하여 서울 근교와 경기도, 그리고 대도시 가까이에 음식점 개업에 알맞은 땅을 꽤 확보하게 되었다.

준비가 끝나자 본격적으로 체인점을 꾸릴 사람을 모집하고, 자신이 사둔 땅에서 체인점을 열도록 했다. 김 사장은 영리하게 움직였다. 예를 들어, 땅을 400평 샀다면 체인점 주인에게는 200평만 팔고, 남은 땅은 부동산 가격이 오를 때를 기다려 큰 매매차익을 남기고 팔았던 것이다. 이런 식으로 이익을 극대화하는 방법을 쓰다 보니 몇 년 만에 재력가로 우뚝 서게 되었다.

김 사장은 이제 욕심이 없다. 음식점은 그동안 그녀를 도와준 사람들에게 그냥 넘겨주었다. 다만 자신은 놀고먹는 생활이 어울리지 않다고 생각하고, 아이에게 떳떳한 모습을 보이고자 요리는 계속하고 있다. 그래서 출장요리사 자격증을 땄다. 지금은 이곳저곳 출장요리사로 일하러 다닌다. 100억 원을 소유한 출장요리사로 말이다.

Check Point

김다복 사장이 낸 토속음식점은 시대의 흐름과 잘 맞아떨어졌다. 시부모를 섬기듯 정성껏 요리를 만들었던 것도 주효했다. 하지만 그것만으로 큰 부자가 된 것은 아니다. 외식사업에 부동산을 결합하여 엄청난 부를 일구어 낼 수 있었던 것이다.

chapter ...07

'가난이 진절머리난다, 난 꼭 성공할 거야'

김태호 사장은 1949년 충북 보은에서 다섯 남매 가운데 장남으로 태어났다. 그가 중학교에 입학하고 며칠 뒤, 아버지는 술, 담배 탓에 간암과 폐암에 걸려 먼저 세상을 떴다. 그 뒤로 어머니는 자식들 먹여 살리기에 하루하루를 전쟁 치르듯 보냈다.

김 사장은 새벽마다 신문을 돌리고, 학교수업이 끝난 뒤에는 건설공사장에서 벽돌을 날랐다. 밤에는 야근 경비를 하거나 회사 화장실 청소를 하여 가족들의 생활비를 벌었다.

누나도 공장에서 일하거나 작은 회사에서 사환으로 일했다. 그렇게 어머니와 누나 그리고 김 사장은 가난을 벗어나려고 정말 물불 가리지 않고 일했다. 그러나 가난은 쉽게 떨쳐지지 않았다.

김 사장은 누이의 도움과 자신이 틈틈이 벌어 둔 돈으로 어렵게 대학교에 입학했다. 그리고 과외와 아르바이트를 열심히 했지만, 학비와 식구들 생활비를 모두 댈 수는 없었다. 결국 어쩔 수 없이 휴학을 선택했다. 자신의 학업은 포기하고 '식구들 가운데 누구 하나라도 성공해라.' 하는 마음으로 돈을 벌어 동생들 모두 대학에 보냈다. 동생들이 모두 졸업하고 나서야 김 사장도 복학하여 뒤늦게나마 대학을 졸업할 수 있었다.

외환위기에 이어 홍수가 터지다

첫 직장은 진양화학이라는 회사였다. 거기서 영업을 하게 되었는데 거래처 가운데 하나가 대우그룹이었다. 김 사장은 대우그룹을 다니다가 한 여자를 만났다. 한눈에 보아도 야무지고 성실해 보이자 적극적으로 프러포즈를 했고, 연애 3년 만에 결혼했다. 부인은 말 그대로 억순이에다 짠순이였다. 게다가 집안 대소사를 빈틈없이 잘 챙겼고 남편 친구들에 대한 대접에도 소홀하지 않아, 김 사장은 일에 열중할 수 있었다.

성실한 노력파인 김 사장은 부장까지 빠르게 승진했다. 그러던 어느 날 갑자기 사표를 냈다. 사업하기로 마음먹었기 때문이다. 안정된 직장을 두고 사업을 하겠다고 하자 회사에서는 몇 차례나 만류했다. 하지만 김 사장은 회사에서 자신을 필요로 하고 있을 때 독립하는 것이 좋다고 판단했다. 정년퇴직까지 기다리다가는 너무 늦을 것 같았다.

그는 퇴직금으로 삼성동에 작은 사무실을 내고 직원 둘을 채용했다. 진양화학에 근무할 때 쌓아 둔 신용으로 인해 진양화학에서 팔 물건을 장기 외상으로 들여놓을 수 있었다. 물건을 팔고 대금이 회수되면 물건값을 지급했다. 그러다 보니 큰돈이 필요하지 않았고 좋은 상품을 적기에 납품할 수 있었다. 사업은 나날이 성장했다.

그러나 외환위기가 찾아왔고 상황이 몹시 안 좋아졌다. 그래도 김 사장은 진양화학과 약속한 날짜에는 반드시 상품대금을 결제했다. 수금이 잘 안 되는 상황에서 대금결제를 하다 보니 회사상태가 급속히 나빠져 부도 위기에 몰렸다.

하지만 이대로 무너질 수는 없다고 마음을 다잡았다. 그동안 신용으로 상품을 들여놓았으나, 이번에는 자신의 집을 담보로 제공하면서 담보금액의 다섯 배를 상품으로 받았다. 그리고는 진양화학에 자사의 거래처를 모두 알려주고 거래처에 대한 매출 채권을 양도하는 서류를 만들어 주었다.

만약 잘못되면 김 사장 대신 채권을 회수할 수 있도록 하기 위함이었다. 어차피 망할 거라면 할 수 있는 데까지 해보자고 생각한 마지막 승부수였다.

그때 생각지도 못한 기회가 그를 찾아왔다. 그것은 홍수였다. 김 사장이 파는 상품은 중저가 바닥장식 즉 장판이나 마루 따위였는데, 어려운 경기 속에서 홍수로 집이 물에 잠기자 중저가 제품을 찾는 손님이 많아졌다. 이로써 사업은 다시 일어나기 시작했고 점차 빚을 갚아 2000년에는 모두 갚을 수 있었다.

홍수 때 김 사장은 직원 한 사람과 함께 트럭에 장판을 가득 싣고 피해지역을 방문해 손수 시공을 해주었다. 하루 이틀이 아닌 여남은 날을 집에도 들어가지 않고 피해주민들과 함께 지내며 일하다 보니, 자연히 좋은 소문이 돌았고 다들 김 사장의 장판을 쓰게 되었다.

김 사장은 어려운 수재민의 상황을 생각해 먼저 시공하거나 장판을 대주고 수금은 나중에 했다. 당시 그 지역 사람들은 자신들의 처지를 이해해 준 것이 고마워서 지금까지도 무조건 김 사장의 장판만 쓰고 있다.

사람을 잡으면 기회가 온다

반년 가까이 수해현장을 누비던 김 사장은 서울로 가게를 옮겨 본격적으로 장사하기로 마음먹었다. 서울지역에 가게자리를 알아보다가 중류층이 많고 재래시장이 가까운 지역으로 고른 자리가 약수동이었다. 그는 그곳에서 사람들의 발길이 잦은 방산시장의 소매점을 거래처로 확보하기 위해 나섰다.

그런데 방산시장은 이미 거래처들이 모두 고정되어 있었다. 그 자리를 비집고 들어가기란 말 그대로 낙타가 바늘 귀 뚫는 것보다 더 힘들었다. 상조회다, 무슨 무슨 모임이다 하여 이미 끈끈한 인간관계가 다져져 있으니, 굴러들어온 돌 하나에 상인들은 전혀 관심을 주지 않았을 뿐더러 냉소적이기까지 했다.

김 사장은 우선 시장 사람들과 인간적으로 가까워지기로 했다. 장판값을 조금 싸게 한다고 해서 이미 형성된 납품구도를 바꿀 수는 없다고 판단했기 때문이다. 그래서 김 사장은 상인들과 자연스럽게 만나 밥도 먹고 술도 자주 마셨다. 시장 사람들이 놀러 갈 땐 장소 섭외도 하고 먼저 흥을 돋우면서 말 그대로 '내 사람' 을 만들고자 많이 애썼다.

그렇게 한 해가 지나자, 시장 사람들은 김 사장을 아주 가깝게 여기게 되었다. 그때야 비로소 김 사장은 자신이 하는 일을 시장 사람들에게 알려 주었다. 이미 인간적으로 친해진 시장 사장들은 별 부담 없이 김 사장 물건을 팔아 주었고, 게다가 다른 시장 상인들까지 소개해 주었다. 얼마 지나지 않아 김 사장은 방산시장을 장악하게 되었다.

그는 늘 5시에 일어나 아침기도를 하고서 7시에 출근한다. 김 사장이 부지런하다 보니 직원들도 당연히 부지런해질 수밖에 없었는지, 직원들도 7시 30분이면 다들 출근해서 아침 영업을 준비한다. 아침 8시에 진양화학에서 온 물건을 내리고 정리하면 9시다. 주문받

으랴 물건 보내랴, 아침을 정말 정신없이 보낸다.

김 사장은 모든 거래처에 똑같이 신경을 쓴다. 친하고 좋은 거래처가 있다고 해서 다른 거래처를 소홀히 대하지 않는 것이다. 한 번도 짜증내거나 바쁘다고 이리저리 핑계를 대고 기분 나쁘게 거절하는 경우가 없다.

언제나 고객 입장에 서서 고객의 상황을 정확하게 파악하고 고려해서 그에 맞게 대처했다. 거절할 경우에는 기분 나쁘지 않도록 자신의 상황을 진실하게 얘기한다. 그런 김 사장의 솔직함을 시장 사람들뿐 아니라 거래처 사람들 모두가 좋아한다.

Check Point

김태호 사장은 실패하기 좋은 환경에서 컸다. 가난하고 힘겨웠던 청소년 시절로 인해 가출하든가 아니면 나쁜 길로 빠져들기 쉬웠는데, 오히려 성실하고 끈기 있게 일했다. 그리고 '성공해서 부자가 되겠다'는 큰 꿈 하나로 좋은 길로 들어서게 되었다. 사업에서 부도 위기에도 몰렸지만 포기하거나 안주하지 않고 끝까지 도전했다. 그것이 김 사장을 성공한 부자로 만든 것이다.

chapter ... 08

미래가 없던 불량 청소년, 삶에서 기회를 잡다

황재익 사장은 중학교 3학년 때, 불량친구와 어울리면서 공부와는 멀어지기 시작했다. 친구와 함께 시내 후미진 곳에서 담배를 피우며 술을 마시고, 지나가는 학생들을 붙잡아 시비를 걸고 돈을 뺏는 깡패 조무래기 같은 생활을 했다.

고등학교에 가서도 못된 짓만 하면서 미래라고는 조금도 생각지 않고 놀러만 다녔다. 그러다 알고 지내던 어느 여학생의 권유로 기타를 배웠고, 자신의 적성에 맞았는지 열심히 노력한 끝에 제법 괜찮은 솜씨를 갖게 되었다. 고3 때는 기타를 치며 음악을 한다고 밤낮으로 몰려다니다 보니 정신까지 황폐한 지경에 이르게 되었다.

학교 졸업 후에도 그의 생활에는 변화가 없었다. 부모님은 그래도 자식을 잘되게 하고자 무던하게 애썼지만 소용이 없었다. 그러던 어느 날 입대 영장이 나왔다. 그는 군대에서 기타 연주 특기로 군악대에 배치되었다. 그곳에는 황 사장보다 더 거칠게 살아왔던 고참이 많았고, 군기도 아주 엄했다. 그동안 하늘 높은 줄 모르던 망아지는 어느 순간 꼬리를 내리고 자신을 다시 돌아보게 된다.

그러다 보니 서서히 자신의 학창시절을 뉘우치게 되었고, 미래에 대한 불안한 마음에 무엇을 할 것인가 곰곰이 생각해 보았다. 하지만 머리도 주머니도 텅 빈 상태에서는 아무런 길이 보이지 않았다. 그는 죽을 생각을 할 만큼 과거에 대한 뼈저린 후회로 군 생활을 보내야 했다.

밑바닥 인생을 전전하다

그가 할 수 있는 거라고는 기타 연주밖에 없었다. 자연히 통기타 가수로 밤업소나 레스토랑에서 일하게 되었다. 하지만 아무리 죽어라 일해도 겨우 목에 풀칠이나 할 수 있는 적은 돈을 벌 뿐이었다. 그것이라도 잡고 있어야 더 좋은 일자리가 나올 수 있기에 갖은 수모와 멸시를 당하면서도 놓을 수 없었다.

좋은 시간대에 연주하려고 업소 사장과 관리인, 심지어 '기도' 라고 하는 주먹들의 신발을 닦아 주고 심부름도 했다. 끼니는 겨우 라면으로 때웠다. 그러다가 우연히 이태원에 있는 밤업소로 나가게 되었는데, 이것이 황 사장의 인생을 바꾸는 계기가 되었다.

이태원의 밤업소에서 일하려면 다른 곳과는 달리 팝송을 많이 알아야 했다. 외국어도 조금은 알아야 팁을 많이 받을 수 있었다. 먹고 살려는 방편으로 외국 노래를 배우고 외국어로 떠들다 보니 영어가 어렵다는 생각은 들지 않았다. 그런데 외국인 가운데 한 명이 황 사장에게 편하게 대해 주었다. 그는 미국에 귀화한 폴란드인이었다.

엔지니어였던 그 친구는 전기기술 고문으로 한국에 들어와 있었는데, 한국에는 특별히 아는 사람이 없다 보니 황 사장과 자주 어울리게 되었다. 황 사장은 자연스레 폴란드어를 배우게 되었고, 한두 해 동안 거의 날마다 만나다 보니 폴란드어로 이야기를 나눌 수 있을 정도가 되었다. 그 친구는 폴란드어뿐 아니라 러시아어도 아주 잘했다. 덕분에 러시아어도 조금은 하게 되었다.

한번은 그 폴란드 친구가 폴란드로 가면서 같이 가자고 했다. 간신히 여권과 비자를 준비해 폴란드를 방문하게 되었는데, 그때 만난 폴란드 사람들 가운데는 장사하는 사람도 있었다. 쉽게 친해진 폴란드 사람들과 황 사장은 한국에 와서도 계속 연락하며 지냈다.

그러던 어느 날 폴란드에서 급히 만나자는 연락이 왔다. 직접 만나서 할 얘기가 있다고 했다. 당시 폴란드 사정 때문에 황 사장이 직접 들어갈 수가 없어서 폴란드 친구가 대신 다녀왔다. 사연인즉 다음과 같았다.

"폴란드가 공산주의에서 자본주의로 변할 것인데, 그렇게 되면 돈 있는 사람들이 특정 사업을 독점해 많은 부를 축적할 것이다. 그러니 우리와 손잡고 폴란드에서 사업을 하자. 폴란드에서 돈이 될 수 있는 사업은 의식주밖에 없다. 아직 가난하기 때문에 비싼 공산품을 살 형편은 못 되기 때문이다. 폴란드는 추운 날씨 때문에 의류 관련 사업이 좋을 듯하다. 그러니 앙고라 관련 의류를 준비해 달라."

인생에 기회는 세 번 온다

황 사장은 이런저런 고민 끝에 기타를 집어던졌다. 그리고 폴란드에 있는 친구와 사업을 하기로 결심했다. 그러나 수중에는 돈도 없고, 앙고라 제품을 어디서 어떻게 구해야 하는지도 몰랐다. 황 사장은 무조건 동대문시장을 찾았다. 거기에서 앙고라 제품을 파는 가게 주인에게 앙고라 제품 공장을 소개받았다. 공장을 찾아간 황 사장은 자신이 하려는 일을 설명하고 제품 공급을 요청했으나, 단번에 거절당했다. 물품 대금을 지급할 방법이 없었기 때문이다.

그때 주위사람들이 "폴란드로 물건을 팔면 수출이 되기 때문에 수출 금융을 활용하고, 정 안 되면 은행에서 물품 대금을 바로 공장에 지급하는 방법으로 하면 된다."라고 조언해 주었다. 황 사장은 부랴부랴 은행에 가서 길을 찾았고 그렇게 폴란드 수출이 시작되었다.

얼마 후 정말 폴란드와 동유럽에서 철의 장막이 걷혔다. 그러자 물건을 팔아보겠다고 너도나도 뛰어들기 시작했다. 황 사장은 이미 2년 전부터 준비하고 수출을 시작한 덕에 폴란드에서 확고한 기반이 마련되어 있었다. 당시 환율은 거의 고정환율이다 보니 수입이 일정하여 별걱정이 없었다.

그런데 어느 날 앙고라 공장에서 황 사장에게 바가지를 씌우고 있다는 것을 알게 되었다. 황 사장은 즉시 앙고라 제품 생산 기술자를 섭외하여 공동으로 공장을 차렸다. 당시 수출하는 기업에 대한 정부의 지원은 대단했는데, 자금을 빌려서 어렵지 않게 공장을 지을 수 있었다.

이때 황 사장은 폴란드에 수출하는 물건값을 원래 가격 그대로 거래할 수도 있었지만, 어려운 자신을 믿고 거래해 주는 상대방의 믿음을 저버릴 수 없어서 크게 깎아 주었다. 그러자 폴란드에서도 더 적극적으로 제품을 팔아 주었다.

돈 버는 데는 부동산이 필수

밤업소의 기타 연주자로만 인생을 보낼 수도 있었던 황 사장은, 1980년 후반 전 세계에 불어닥친 동유럽의 봄으로 인해 국가에서 장려하는 수출 유공자가 되었다. 망가졌던 인생이 화려하게 꽃피었다 생각하니 자신이 하고 싶은 일을 한번 해봐야겠다고 마음먹게 되었고, 음악 관련 사업을 구상했다. 당시 서울 교외에 라이브 레스토랑이 인기를 얻고 있는 걸 본 황 사장은, 경기도 하남시에 인기가수 이름을 걸고 라이브 레스토랑을 열었다. 속셈은 부동산투자였다.

전답으로 되어 있는 지목이 상가로 변경되면 땅값이 꽤 오를 것으로 예측했던 것이다. 그래서 레스토랑 부지 외에도 더 많은 부지를 사들여 지목 변경을 했다. 자신이 좋아하는 음악을 들으면서 돈을 버는 맛이란 정말 최고였다. 평소 보고 싶고, 듣고 싶었던 사람들의 노래를 직접 접하게 되니 이제야 자기 자신을 찾은 듯 기뻤다.

황 사장은 앙고라 관련 사업을 그동안 동업했던 다른 두 사람에게 아무 조건 없이 넘겨주었다. 그리고 동유럽에서 받을 대금도 2년 뒤에 받기로 하고 사업을 접었다.

이제 황 사장은 50억 원이 넘는 부자가 되었다. 어려웠던 시절을 생각하여 레스토랑 직원들에게는 다른 곳의 두 배나 되는 월급을 주었다. 레스토랑 주변이 점차 유흥가로 변하자 황 사장은 떠나야 할 때가 된 것으로 판단했고, 실로 엄청난 차익을 남기고 가게를 처분했다. 남은 금액으로 직원들에게 계약에도 없는 퇴직금을 풍성하게 주었고 남은 돈은 은행에 넣어 두었다.

그후 다른 무엇을 해보려고도 했지만, 한국은 경제상황이 어려워 그 어떤 것도 할 일이 없었다. 그때 동유럽의 거래처에서 "한국이 어렵다는데 잘 지내느냐, 아직 지급하지 못한 물품 대금을 한꺼번에 지급하겠다."는 통보가 왔다. 한국의 어려운 경제상황을 알고 대금을 결제하겠다는 거래처들의 성의가 정말 고마웠다.

그런데 얼마 뒤 은행에 입금된 달러를 환전하려고 보니, 매출 당시의 환율보다 무려 두 배 넘게 오른 비율로 환전할 수 있는 것이 아닌가. 그동안 고마웠던 거래처에서 물건값을 조금 늦게 받는 게 고마움의 표시라고 생각해서 미루어 두었는데, 생각지도 않은 큰 수익을 거두게 되었던 것이다.

그후 황 사장은 미국 이민을 결심했다. 그가 번 돈 100억 원은 예전에 레스토랑에서 성실하게 일하던 직원에게 관리를 맡겼다. 물론 안전장치는 마련해 두었지만 관리의 전권을 주었다. 자기 일처럼 판단하고 관리할 수 있는 사람에게 전적으로 맡기는 것이 효과적이라 판단했기 때문이다. 이제는 한 달에 한 번 자금운용 보고서만 팩스나 이메일로 받아보고, 궁금한 것이 있으면 전화로 확인한다.

Check Point

황재익 사장의 성공스토리를 보면 '신뢰'의 중요성을 다시 한 번 느낄 수 있다. 폴란드 친구들과 사업을 할 수 있었던 것도 그가 믿을 만한 사람이었기 때문이다. 믿음이 없었다면 사업 도중에 관계가 끊어져 큰 재산을 축적하지 못했을지도 모른다. 그는 원하기만 했다면 몰래 이익을 챙길 기회도 있었지만, 정도를 걸어 상대에게 믿음을 주었던 것이다.

chapter ...09

무일푼에서 300억대 자산가가 되기까지

유명한 회장은 이제 막 40이 넘은 젊은 여자 사업가다. 자신의 재산을 정확히 밝히지는 않았지만, 300억 원은 족히 넘는다는 것이 주변 사람들의 이야기다. 유 회장은 원래 안동 하회마을에 살던 풍산 유씨 양반의 피를 받고 태어났는데, 집안이 아주 엄격하였다.

대학에 다닐 때까지도 통행금지시간이 있었다. 함부로 행동하거나 옷매무새가 단정치 못하면 경을 치는 경우가 허다했다. 그래서 유 회장은 아버지의 엄격한 통제에 숨이 막혀서 빨리 벗어날 기회만 노리고 있었다.

부녀간에도 공짜 돈은 없다

물론 집안은 대대로 물려 내려온 토지로 말미암아 상당한 재력이 있었다. 그래서 어린 시절은 아씨 대접을 받으면서 어느 누구 부럽지 않게 살았다. 그러나 대학에 입학하자 부모님에게서 전혀 예상치 못한 말을 들었다.

"이제 다 키워 주었으니 네가 알아서 살길을 찾아라. 더는 부모에게 기대지 마라. 지금부터 네게 주는 학비와 용돈은 빌려주는 것이니 나중에 반드시 갚아야 한다."

정신이 번쩍 드는 폭탄선언이었다. 어머니에게 기대어 보려고 했더니, 어머니 또한 "네 언니들도 똑같이 그렇게 컸다. 너만 예외일 수 없으니 네가 알아서 대학에 다니도록 해라."라며 아주 냉정하게 거절했다. 한겨울에 따뜻한 방에서 잠자다가 갑자기 집 밖으로 쫓겨난 기분이었다. 어쩔 수 없이 할머니에게 도움을 요청했는데, 할머니께서도 도와줄 수 없다고 하시면서 어머니의 생활방식을 넌지시 알려주었다.

- 절대로 남에게 돈을 빌리지 않으며 빌려주지도 않는다.
- 먹는 것은 배불리 하지만 음식을 남겨서 버리지 않는다.
- 머슴에게 일을 시켜도 주인이 먼저 일을 한다.
- 일한 대가에 인색하지 않는다.

• 절약이 부자 되는 지름길이다.

부모에게서는 더 이상 도움을 받을 수가 없었다. 유 회장은 할 수 없이 돈을 벌어야겠다고 판단하여 아르바이트를 시작했다. 그러나 아씨 대접을 받고 자란 손과 마음으로는 도저히 다른 학생들이 하는 아르바이트에 적응할 수가 없었다. 고민하던 유 회장은 자신이 중학교 시절에 연하장이나 크리스마스카드를 그려 다른 학생들에게 팔아 용돈을 벌던 기억을 떠올렸다.

생각이 여기에 미치자, 유 회장은 연하장 디자인 회사와 건축설계 사무소 그리고 의류 디자인 회사 등에 아르바이트 자리를 알아보았다. 그리하여 모피와 가죽 의류를 만드는 회사에서 디자인 아르바이트 자리를 어렵사리 구할 수 있었다.

그 일은 힘들기는커녕 즐겁고 신이 났다. 자신의 그림이 옷으로 만들어지고 손님에게 팔려나가는 것을 보면서, 유 회장은 사업을 한번 해봐야겠다는 강한 욕구가 생겼다.

당시는 경제적인 어려움도 있었지만 엄격한 아버지도 견디기 어려웠다. 아버지에게서 벗어나는 방법은 결혼밖에 없다고 판단한 그녀는 열세 살 연상인 남자를 만나 졸업하자마자 결혼했다. 그러나 그런 식의 결혼은 오래가지 못했다. 남편의 잦은 외박과 시부모의 구박, 그리고 친정에서 돈을 가져오라는 강요에 시달리다 못해 결국 이혼을 결심하게 되었다.

그러나 이혼도 쉽지 않았다. 급기야 여러 가지 정신적인 스트레스에 시달리다 보니 장 유착이라는 병을 얻어 응급실로 실려 갔다. 꼬박 1년간 중환자실에서 꼼짝하지도 못하고 누워 있게 되었다. 중환자실에서 혼수상태로 누워 있으면서도 본의 아니게 임신한 둘째 녀석을, 출산하는지도 모르고 출산했다.

퇴원 후에도 이혼을 해주지 않자, 유 회장은 스스로 목숨을 끊으려고 다량의 수면제를 먹는다. 다행히 주위 사람에게 발견되어 목숨은 건졌다.

이런 난리를 겪고서야 남편과 시댁에서는 그동안 친정에서 빌려갔다 준 10억 원과 애들을 포기하는 조건으로 이혼에 합의해 주었고, 엄격한 유교 집안의 부모님마저 이혼을 허락하게 되었다.

이혼하고 나니 갈 데도 없고 막막하였다. 아버지에게서 빌린 돈도 갚아야 하고, 이혼녀로 혼자 살아가야 하는 중압감에 한동안 방황했다. 그러다 자신의 끼는 역시 그림에 있다고 판단하고, 아르바이트를 하면서 알아두었던 의류 관계인을 찾아 도움을 요청하여 창업을 준비하게 된다.

'이 백화점에 들어오고 싶은데요'

이왕 사업을 하려면 가격이 비싼 모피로 하자고 마음먹고, 유럽

쪽의 디자인을 알아보고자 6개월 동안 이탈리아 등을 돌아다녔다. 영어는 잘 못했지만 '살길은 오직 이것뿐이다.' 라고 생각하고 편도 비행기표만 끊고 빈 주머니로 무작정 떠났던 것이다.

제일 먼저 해야 할 것이 원피를 아는 것이라고 생각해, 모피 원피를 생산하는 곳을 가까스로 찾아가 취직했다. 말이 취직이지, 숙식만 제공받고 기술을 배우기로 한 것이었다. 그곳에서 모피 다루는 법, 좋은 원피 고르는 법 등을 배웠다.

쉬는 날에는 모피제품을 만드는 공장과 매장을 구경하면서 나름대로 사업을 구상했다. 귀국할 때는 모피의류 사업을 하게 되면 후지급 조건으로 원자재를 공급해 준다는 약속을 받아 두었다.

하지만 막상 사업을 하려고 하니 돈도 없고 판로도 없어서 고민이 이만저만이 아니었다. 그래서 우선 집에서 디자인하고 공장에 하청을 주어 제품을 생산하기로 했다.

그리고 직매장을 둘 수 없어서 백화점에 수수료 매장을 개설하기로 계획을 세웠다. 총 예산은 2천만 원이면 될 것 같아 아버지에게 차용증을 쓰고 돈을 빌렸다.

우선 몇 가지를 디자인하여 외상으로 수입한 모피로 시제품을 만들고, 신세계 백화점 구매 담당자를 찾아갔다. 젊은 여자가 모피를 팔겠다며 매장을 달라고 하니 처음에는 어이없다는 반응을 보였다. 당시만 해도 백화점에 매장을 하나 얻으려면 든든한 배경이 필요했다. 하지만 자기의 시제품이 최고 품질이라는 확인서를 신세계 모피 판매직원에게서 받아 제출하는 등 적극적으로 홍보하고 감동을 주어 결국 수수료 매장을 얻게 되었다.

판매사원이 있어도 자신이 직접 매장에서 손님을 상대했고, 진심으로 질 좋은 제품을 적정한 가격에 판매하다 보니 하루가 다르게 매출이 늘어났다.

이를 토대로 다른 백화점에도 매장을 열어 2년 만에 전국 주요 백화점에 모두 들어갈 수 있게 되었다. 모피의류가 잘 팔리는 철에는 하루 순이익이 1억 원이 넘었던 때도 있을 만큼 호황을 이루어, 그야말로 돈을 갈퀴로 긁어모으는 듯했다.

이 매장 저 매장을 온종일 뛰어다니고, 저녁에는 디자인을 새로 하고, 밤에는 시제품을 만들었다. 그러다 보니 날을 꼬박 새우기 일쑤였고, 겨우 서너 시간 잘 뿐이었다.

'거친 세상'이 다시 한 번 훈수를 두다

유 회장이 부자라는 소문이 돌자 주변에 유혹의 손길이 많았다. 그때 유 회장은 여러 사업에 손을 댄다. 처음에는 평소 아버지처럼 따랐던 분의 소개로 생수회사를 차렸고, 이어 친한 학교 선배언니의 소개로 제주도에 펜션사업을 위한 전원주택 신축 관련 사업을 시작하였다. 그러나 동업자들은 그리 믿을 만한 사람들이 아니었다.

패션사업에서 벌어서 생수회사와 전원주택 사업에 투자하다 보니 잘되던 패션사업에도 차질이 생겼다. 안 되는 사업을 잘되게 하려다 보니 온통 시간을 투자해야 했고, 그러다 보니 급기야 패션사업에 금이 가기 시작했다.

백화점 측에서 경고를 받기도 하였는데 어떻게든 잘해 보려고 했으나 자금난이 겹쳤다. 결국 패션사업과 생수사업 그리고 전원주택 사업까지 모두 문을 닫는 지경에 이르렀다.

사업을 정리하는 과정에서 믿었던 직원이 횡령하고 동업자가 배신했다. 정말 이루 말할 수 없이 험한 꼴을 겪었다. 그러면서도 유 회장은 재기의 의지를 불태웠다. 평소 가까이 지내던 변호사의 도움으로 법률적인 지식을 많이 알고 있던 유 회장은 동업자를 상대로 변호사의 도움 없이 홀로 재판을 진행했다.

결국 2년 동안의 혈투 끝에 재산을 어느 정도 되찾을 수 있었다. 지금도 유 회장은 부동산 임대차 계약서를 직접 작성하는가 하면, 내용 증명, 법원의 답변서, 각종 청구서와 변론 관련 서류를 변호사 못지않게 처리할 수 있다.

얼마 후 외환위기가 닥쳤지만, 다행히 재력이 어느 정도 확보가 된 상태였다. 그리고 미래에 대한 경제전망을 이것저것 따져 보다가 부동산을 많이 보유한 회사를 인수하기로 하고, 호텔이 적격이다 싶어 적정한 규모의 호텔을 싸게 인수하였다.

그러던 중 정부의 대북 유화 정책이 진행되자, 장차 대북 관련 사업 활성화로 혜택을 볼 지역을 물색했다. 그리고 금강산 관광 등으로 볼 때 속초가 앞으로 가치 상승 가능성이 제일 높을 것으로 판단하여 속초지역에 많은 부동산을 취득했다. 이제, 유 회장은 지인이 급히 매각하는 부동산을 사들여 오피스텔 건물을 짓고 있다.

Check Point

유명한 회장의 모피 사업에서 매출이 늘어나는 이유는 간단했다. 가장 중요한 부분인 원단이 최상의 제품이었고, 보이지 않는 곳까지 원단을 아끼지 않았기 때문이다. 가격도 비교적 저렴하게 하고 다품종 소량 생산을 하여 선택의 폭을 넓혔다.
사업을 하다 보면 적정 이윤이라는 것이 있는데, 이윤이 많을수록 좋을 듯하나 많이 남을수록 세금도 많고 백화점에 지급해야 하는 수수료도 많아 실제로는 남는 것이 별로 없었다. 유 회장은 이런 점을 알고 거품을 뺀 적정한 가격을 책정하여 성공할 수 있었던 것이다.

chapter ... 10

밑바닥까지 내려가서 배워라

"하는 짓을 보니 싹수가 노랗군. 커서 뭐가 되려고 그렇게 사니?", "너는 내 자식이 아니다. 나가서 도둑질을 하든 밥을 얻어먹든 마음대로 해라!"

김영일 사장이 중학교 시절부터 고등학교를 졸업할 때까지 주위에서 자주 듣던 말이다. 그는 중학교 때부터 친구들과 보컬그룹을 만들어 어울려 다니고 공부는 뒷전이었다. 집에는 가끔 옷 갈아입으러 들어갈 뿐이었다. 이러한 김 사장에게 집에서 용돈을 제대로 줄 리 없었고, 스스로 용돈을 벌어야 했다. 겨울에는 군고구마 장사를, 여름엔 아이스크림 장사를, 낮엔 물건 운반꾼으로, 밤엔 술집 종업원으로, 별의별 일을 다 하며 용돈을 벌었다. 그런데 항상 쪼들리기만 했고 남는 것이 없어서 이런 생활이 점차 불만스러웠다.

당시 보컬그룹이 음악을 연습하는 데가 평화시장 근처라서 김 사장은 하루에도 몇 번씩 시장을 지나다녔다. 그때마다 근처 노점상들을 눈여겨보았는데, 한번은 노점상에게 다가가 도대체 돈을 얼마나 버는지 물어보았다. 그는 노점상 하루 수입이 10만 원을 넘는다는 말에 깜짝 놀랐다. 김 사장은 그때부터 돈을 벌어야겠다고 생각하고, 음악을 하면서도 노점상들과 어울리며 그들의 생리를 익혔다.

호랑이를 잡으려면 호랑이 굴로 들어가야 한다

김 사장은 고등학교를 졸업하면서 공부보다는 돈벌이에 나서는 게 낫겠다고 판단하고 노점상을 하려고 했으나, 이미 좋은 자리는 다 선점되어 있었다. 그래서 일단 상가 근처 다방에서 DJ가 되었다. 노점상을 관리하는 이른바 깍두기 형님들이 자주 드나드는 다방이기에 그들에게 쉽게 접근하기 위해서였다.

이런 김 사장의 계산은 잘 맞아떨어졌고, 노점상을 관리하는 주먹들과 자연스레 아는 사이가 되었다. 이들에게 노점상의 생리를 배우면서 어디가 물건이 잘 팔리고, 어떻게 하면 장사를 잘할 수 있으며, 노점상에 물건을 공급해 주는 곳은 어디고, 어떤 품목이 좋은지를 알게 되었다.

노점상을 관리하는 호랑이들한테서 정보를 얻고 보호를 받으니

천군만마를 얻은 셈이 되었다. 김 사장은 이들에게서 자리를 얻어 장사를 시작했는데 생각보다 돈벌이가 좋았다. 처음 시작하는 사업 치고는 그리 많은 투자 자본 없이 많은 수익을 냈다.

그러던 어느 날 귀가 쫑긋해지는 정보를 입수했다. 한 곳에서 노점상을 하는 것도 좋지만 전국 장터를 돌아다니며 장사를 하면 재미도 있고 돈도 더 벌 수 있다는 정보였다. 그는 곧바로 봉고차를 사서 물건을 싣고 전국을 돌아다니기 시작했다.

그런데 노점상 시절에는 하루에 20, 30만 원어치 물건만 사면 되었지만, 지방을 돌아다니다 보니 300만 원 정도의 물건을 사야 일주일을 버틸 수 있었다. 누가 좋은 물건을 많이 가지고 있느냐가 장사의 성패를 가르는 기준이 되는 것이다. 이에 그동안 저축하던 통장을 해약했고, 버는 만큼 물건을 사고 또 사고 하여 좋은 상품을 차에 채워갔다. 좋은 물건이 많다 보니 자연히 장사는 잘되었다.

더 큰 꿈을 향한 도전은 지금 준비해야 한다

그즈음 다른 사업을 찾던 김 사장 눈에 옷 도매상이 들어왔다. 자신은 팔아야 고작 몇 십만 원이지만 도매상은 자신과 같은 거래처가 수백 군데라고 했다. 그 매출액을 계산해 보니 정말 엄청난 액수였다. 그래서 자신의 소매장사가 너무 초라해 보이기 시작했고, 이왕 마음먹은 김에 동대문상가에 도매상을 차려야겠다고 생각했다.

우선 그동안 거래했던 도매상을 통해 정보를 입수한 다음, 동대문에 상가를 빌려 숙녀복 도매를 시작했다. 노점상을 시작한 지 6년 만에 점포를 갖게 된 것이다. 얼마 전 자신의 모습과 너무나 달라진 현실 앞에서 마음이 들뜬 김 사장은, 우선 가장 가지고 싶었던 중형차를 한 대 샀다. 그리고 뿌듯한 마음으로 장사를 시작했다.

그런데 생각과는 달리 장사가 영 신통치 않았다. 6개월만에 자금의 절반을 날리고 가게를 정리해야 했다. 도매상의 고객인 전국 소매상을 잘 몰랐기 때문에 판로를 개척하지 못했던 것이다. 그는 곧바로 대형 도매상의 말단 판매직원으로 취직했다. 쥐꼬리만한 월급을 받는 판매원을 자청했던 것이다. 그 계통의 업무나 흐름을 모르는 상태에서 사장이 되면 항상 흔들리고 종업원에게 휘둘릴 게 뻔하기 때문에 과감히 실행한 것이다.

김 사장은 판매원으로 6개월 동안 일하면서 전국 소매상들과 가까이 지냈고 나름대로 인맥을 맺는 데 주력했다. 준비를 마쳤다고 생각해 다시 가게를 열었는데, 아는 사람들이 찾아주어 처음 얼마간은 가게 운영에 별 어려움이 없었다. 그러나 3개월쯤 지나자 고객들이 하나 둘 발걸음을 끊는 게 아닌가.

'아차' 싶은 마음에 고객들을 찾아가서 거래를 안 하는 이유를 물어보니, 대부분 "제품이 마음에 안 든다. 비싸다. 재단이나 박음질이 시원찮다."라고 말했다. 즉, 사장이라면 제품 만드는 공장이 어떻게 돌아가는지, 주문은 어떻게 해야 하고 고객불만은 어떻게 처리해야 하는지, 사람은 어떻게 부리고 하청은 어떻게 해야 하는지 등을 제대로 알아야 된다는 것이었다.

그 말에 동감한 김 사장은 이번에는 의류 공장에 취직했다. 옷 만드는 기술이 없기 때문에 단추 다는 것부터 시작하여 바느질, 재단 그리고 원단 구매부터 제품이 나오는 과정과 하자가 발생하는 원인까지, 1년을 배웠다.

이제 제품에 대해서도 잘 알고 도매 판매점에서 근무한 경험도 있어서 어느 정도 자신감이 생겼다. 사업을 크게 해볼 때라고 생각한 김 사장은 영업점을 열었다. 정말 예상대로 장사가 잘되었다. 남들은 외환위기에 힘들어 할 때 장사가 더 잘 되었다. 그때 번 돈으로 싸게 나온 부동산도 사고, 재산을 분산투자하기도 했다.

Check Point

김영일 사장은 책을 통해서 배운 것이 아니라 직접 발로 뛰어다니며 사람과 부딪치면서 경험을 통해 하나하나 배웠다. 자존심을 버리고 모르는 것을 바닥부터 배우려고 했던 것이다. 또한 뭐든지 스스로 할 줄 알아야 한다는 고집도 성공의 요소이다. 성공한 사람들의 이야기나 경험을 보고 듣고 배워서 그대로 실천하려고 노력한 것은 정말 큰 밑거름이 되었다.

당신은 이제 부자가 되었다. 그래서 행복한가?
죽을 때까지 다 쓰지도 못할 돈이 있어도 불행한 부자가 너무나 많다. 왜 돈을 벌려고 했는지 이해할 수 없을 정도다. 돈은 편리한 도구이지만, 행복을 만들어 주지는 않는다. 행복은 자기 자신이 만드는 것일 뿐이다. 돈에 눌리면 돈의 노예나 관리인으로 전락한다. 돈을 통해 행복하게 사는 법을 아는 것은 부자가 되는 것만큼이나 중요한 것이다.

Part 4

부자가 된 당신은 어떻게 살 것인가?

돈은 현악기와 같다. 그것을 적절히 사용할 줄 모르는 사람은 불협화음을 듣게 된다.
돈은 사랑과 같다. 이것을 잘 베풀려 하지 않는 이들을 천천히 그리고 고통스럽게 죽인다.
반면에, 타인에게 이것을 베푸는 이들에게는 생명을 준다.

– 칼릴 지브란

chapter ...01

부자인 당신은 가난한 형제를 어떻게 대할 것인가?

부자가 되면 아무리 감추어도 돈 있는 티가 나게 되어 있다. 특히 없이 살다가 어느 정도 살림이 펴지게 되면 주위에서 "그 사람 많이 변했다." 혹은 "돈 좀 벌었다고 으스댄다."라며 질시의 눈으로 보는 사람이 생겨나게 마련이다.

부자 역시 옛정을 나누었던 사람들과 하나 둘 이별하게 되고 누가 자기 돈을 뺏어갈까, 나쁜 짓을 해서 해를 주지 않을까 고민하게 된다. 가족 간에는 누가 자기 몰래 부모 재산을 더 많이 가져가지 않는지 경계하면서 반목과 질시가 생긴다.

그러니 물질적인 어려움은 없을지 모르지만, 정신적인 외로움이나 허탈감은 없이 살 때보다 훨씬 커질 수 있다. 아무리 과거처럼 살고자 해도 이미 자기 자신은 부자이기 때문에 과거와 똑같이 살 수 없다. 또한 이제는 있는 만큼 사는 것이 이치에 맞는 것이기 때문에 절대로 돈 있는 것을 숨길 수 없다.

그렇다면 어떻게 하면 다른 사람에게서 시기나 질투를 받지 않고 좋은 사람으로 존경을 받으며 돈을 늘려갈 수 있을까?

우선 가족 안을 들여다보자. 대부분 장남이 잘 살고 있으면 집안 대소사 경비를 부담하여 별 문제가 생기지 않는다. 하지만 장남의 살림이 어렵다 보면 형제자매 간에 경제적인 문제로 다툼이 생길 수 있다. 이때 가족 중 누군가가 돈을 많이 벌어 형제자매가 어느 정도 같이 잘살 수 있는 여건을 만들 수 있다면 더없이 좋은 방법이다.

나는 막내이다 보니 명절 때 형님 댁으로 간다. 이 경우 반드시 기차나 고속버스를 타고 옷도 편한 캐주얼 복장으로 간다. 혹시 형님들 기분을 상하게 할지 몰라서다. 돈에는 냄새가 난다고 하듯 그렇게 조심했음에도 불구하고 형수들의 말에는 가끔 송곳처럼 뾰족한 날이 서 있음을 느끼게 된다.

집사람에게 하는 말을 들어보면 “동서 말이야. 서울에 산다고 명절 때 늦게 와서 음식 장만하는 데 도움을 안 주면 어떻게 해. 막내가 말이야. 다음부터는 하루 먼저 내려와.”라고 말한다. ‘아하, 이것이 보이지 않는 질투구나.’ 라고 생각한 나는 우선 가족 간에 이런 질투심을 없애야겠다고 생각했다.

우선 나에게 많은 도움을 주었던 바로 위의 형님을 도울 기회를 엿보았다. 형님은 어려운 가정형편 때문에 자신의 힘으로 중학교를 졸업했다. 지금은 배관, 설비, 보일러 쪽의 기술자로 일한다. 고생은 많지만 벌이는 시원치 않아 늘 보기에 안타까웠다.

가까운 사이라도 거래는 확실하게 해야

그러던 어느 날 형님에게서 전화가 왔다. "좋은 목욕탕이 동네에서 매물로 나왔는데 동생이 사면 안 되겠어? 장사도 잘 되거든. 임대를 놓아도 월세가 꽤 될 거야."

마침 나는 나의 자산 포트폴리오에 부동산 비중이 약해서 부동산을 살 생각이었다. 곧 현장을 방문하여 답사를 마쳤다.

그런대로 장사가 되는 것 같아 나는 형님에게 제안했다. "형, 내가 목욕탕을 살 돈을 차용해 줄 테니 형 이름으로 등기를 하지. 그리고 근저당 설정만 하자. 목욕탕 운용은 형이 하고 나에게 월세 형식으로 은행 대출 금리 정도만 줘. 대신 목욕탕을 언젠가 팔게 된다면 매매차익에 대해서는 반반씩 나누어 가지자고."

이 말에 형님은 몹시 기뻐했다. "진짜 내가 목욕탕을 운영해 볼까? 요즘 기운도 없어서 힘든데 앉아서 돈 벌면 좋지. 또 내가 보일러 설비 기술자니까 달리 직원을 둘 필요도 없어서 아주 좋겠네." 그리하여 3억 원을 차용하여 목욕탕을 형님 이름으로 매입했다.

현재 목욕탕 값은 50% 정도 올라 있는 상태다. 나로서는 부동산

투자가 성공적이었고, 은행에 예금하는 것보다 두 배 정도 간접적인 수입이 생겨 좋았다. 형님은 형님대로 생활에 안정을 찾았다. 게다가 전에 비하여 편한 직업으로 인해 건강도 좋아졌다. 무엇보다 좋은 점은 형제간의 우애가 좋아졌다는 것이다.

이제는 나나 나의 가족이 약간 실수하더라도 형제들은 별로 대수롭지 않게 생각한다. 형수들은 "차 막히는데 아예 명절날 새벽에 와. 우리가 음식장만은 다 해 놓을 테니 걱정 말고."라며 잘 대해 준다. 예전보다 편히 사는 형님을 볼 때 마음이 편안하고 어딘지 모르게 마음의 빚을 갚은 느낌이다.

그러나 반드시 기억할 것이 있다. 형제 사이에는 가능한 한 돈 거래를 하지 말라는 것이다. 거래를 해야겠다고 했을 때는 거래방법을 분명히 정해야 한다. 투자하는 것인지 빌려주는 것인지 아니면 그냥 주는 것인지를 분명히 하고, 섭섭하더라도 그에 대한 법적 장치까지 해둘 필요가 있다. 그것이 형제애를 돈독하게 이어갈 수 있는 방법이다.

도움을 줄 때는 확실하게 도와주어야 만족하지, 목욕시켜 준다고 하고선 비눗물을 씻어낼 물이 부족하게 만들면 오히려 욕을 먹는다. 그리고 그냥 도와주는 것은 단 한 번이어야 한다. 그래야만 스스로 일어날 수 있는 힘을 기를 수 있다. 나는 형제자매가 많다 보니 사실 이 부분에 있어서는 실패했다. 형제 간의 정에 너무 연연했기 때문이다.

형제를 진정 위한다면 도움은 단 한 번으로 끝내고, 그 다음부터는 도움이 아닌 거래를 통해 홀로서기가 가능하도록 지원해야 한다.

Check Point

돈이 없을 때는 그저 돈만 많으면 좋겠다고 생각하지만, 막상 돈이 많아지면 그것 때문에 문제가 생길 가능성도 커진다. 친구나 가족 등 온갖 지인들과의 관계에 변화가 생기기 때문이다. 그런 상황에 슬기롭게 대처하지 못한다면 부자가 되는 것은 오히려 삶에 부담만 가져오는 결과가 될 수 있다.

chapter ...02

일어서려는 사람은 열심히 도와주어라

어느 날 한 동창에게서 연락이 왔다. 동창모임에 회비 50만 원을 내라는 것이다. 그런데 알아보니 일반회원의 회비는 5만 원이었다. 그래서 나는 5만 원을 회비로 냈다. 임원도 아니면서 임원보다 더 많은 돈을 내는 것은 모임과 임원을 무시하는 행동이라 여겼기 때문이다. 돈 있다고 회비를 더 내면 돈 쓰고 욕먹기 십상이다.

사회생활에서 가족 다음으로 중요한 관계가 동창생들과의 관계다. 동창모임에 와서 돈 있다고 펑펑 쓰고 가는 동창이 간혹 있다. 그러면 얻어먹는 동창생들은 앞에서는 웃지만 속으로는 상대방을 시기할 수 있다. 차라리 어려운 동창을 도와준다면 이는 훈훈한 정담으로 이어져 존경 받을 것이다.

어느 날 고등학교 동창회에 갔다가 안 좋은 소식을 들었다. 약국을 하던 동창생이 생활고에 시달린다는 소식이었다. 그 친구는 고등학교 동창들 가운데 의리가 있기로 소문이 나 있었다. 그런데 다른 동창생의 병원 개원에 보증을 섰다가 문제가 생겼다고 한다. 그 결과 운영하던 약국을 정리할 수밖에 없었고 이제는 생활하기도 힘들다는 것이다. 집안친척들도 그리 넉넉한 편이 못 되어 어디 기댈 곳도 없었다.

문득 그 친구를 돕고 싶은 마음이 들었다. 노름하다가 망한 것도 아니고 의리 때문에 보증을 섰다가 망했다면 재기할 수 있다고 생각했기 때문이다. 어느 날 나는 친구를 만나 제안했다.

"자네에게 대형 약국을 하나 차려 주려고 하는데 괜찮겠는가? 조건은 서로 협의해서 결정하지."

가능하면 그의 마음을 건드리지 않으려고 조심스럽게 말했다. 조금 망설이던 친구가 "고맙네. 그런데 지금 나에게는 아무런 희망도 없어. 자네에게 제공할 아무런 담보도 없네. 그래도 좋다면 자네 제안을 고맙게 받아들이지."라고 말했고, 그렇게 대형약국을 내기로 했다.

그 친구는 이미 모든 금융기관에 대한 신용이 막혀 있었고 사채까지 많아, 사실상 친구 명의로 사업하기에는 어려워서 다음과 같은 조건을 달았다.

1. 모든 임대차 계약서는 투자자 명의로 한다.
2. 투자금액에 대한 월 지급 배당금은 매출이익의 30%로 하고, 최저 은행 금리의 150%를 보장한다.
3. 약국에 설치하는 집기 비품은 모두 투자자 소유로 한다.
4. 약국에 재고로 남아있는 약은 비록 제약회사에 약값을 지불하지 않았더라도 약국 소유가 아니며 투자자의 소유로 한다.
5. 투자자는 약국 운영에 절대 관여하지 않는다.

그리하여 경기도 부천에 보증금 1억 원, 권리금 7천만 원 그리고 시설비 5천만 원 및 초기 약 조달비 8천만 원, 총 3억 원으로 약국을 개설하였다. 원래 약국이란 잘사는 동네보다는 중하층이 많고, 사람들 이동이 잦은 시장통이 제격이어서 그런 곳을 고른 것이다.

친구를 도운 게 큰 투자성과로 돌아오다

친구의 재기 가능성에 대한 나의 예상은 적중했다. 약국 한 달 매출이익이 5천만 원으로, 예상치의 서너 배나 되었던 것이다. 주변 병원 환자들이 몰려들어 낮에는 전화통화도 하기 어려울 정도로 바쁘게 일했다. 친구의 헌신적인 노력 덕택이었다. 그는 담보 하나 없이 3억 원이란 거금을 투자한 나를 위해, 그리고 하루 빨리 독립하고자 하는 소망으로 손님들에게 정성을 다했던 것이다. 친구는 투자배당금으로 월 2천만 원을 지급하겠다고 했다. 하지만 투자자 입장에서는 너무 과한 수입이기 때문에 정중하게 거절하고 월 1천만 원만 달라고 하여, 현재 4년째 같은 금액을 받고 있다.

약국 손님이 하루 300명을 넘어서면서, 권리금도 7천만 원에서 3억 원으로 크게 늘었다. 재고 약품은 수억 원에 이른다. 친구는 그동안 모은 수익으로 부채도 어느 정도 청산했고 나름대로 새로 약국을 개설할 여유가 생긴 것 같았다.

그래서 어느 날 나는 이제 약국을 혼자서 해보는 것이 어떠냐고 제안했다. 하지만 친구는 그럴 수 없다며 이렇게 말했다.

"나는 자네에게 평생 갚아도 모자랄 은혜를 입었고 그 돈은 절대 못 갚아. 내가 영업하는 한 매월 정해진 금액은 줄 테니 보험이라고 생각하고 노후를 편히 살게나."

친구는 나에 대한 고마움을 가족과 친구들에게 알려 이 이야기가 조금 소문이 났다. 사실 내가 돈 좀 모으고 골프를 치러 다니자 친구들 사이에 좋지 않은 말들이 있었는데, 그 친구 일로 인해서 동창들 사이에서 의리가 있고 대범한 친구로 통하며, 멋있는 사람으로 인식되고 있다.

Check Point

돈은 꼭 금융기관을 통해 운용해야 이자가 붙고 배당을 받는 것이 아니다. 주변에 능력은 있는데 돈이 없는 사람이 있다면 좋은 금융상품이라 생각하고 투자하는 것도 괜찮다. 물론 투자원금을 건질 수 있는 법적 안전장치와 사후관리는 확실히 해야 한다. 그리고 사업진행 과정을 자기 사업하듯 관심 있게 지켜보아야 한다.

다만 경영에는 참여하지 않는 것이 좋다. 개인적인 의견으로는, 사업장이 아닌 식사자리 등을 활용하되 상대의 기분이 상하지 않도록 해야 한다. 그래야 좋은 뜻에서 시작한 투자의 결실을 잘 거둘 수 있다.

chapter ...03

돈은 행복이 아니라 교환수단이다

젊은 사람과 나이가 지긋한 사람 중 누가 더 돈에 욕심을 낼까? 1억 원을 가진 사람과 100억 원을 가진 사람 중 누가 더 돈에 욕심을 낼까? 이에 대한 대답은 명심보감을 읽어보면 정확하게 나타난다.

명심보감에는 '20대는 힘이 넘쳐 남과 싸움을 경계해야 하며(戒世之爭), 나이 30이 되면 이성에 대한 편력이 심해지기에 색욕을 경계해야 하며(戒世之慾), 나이 40이 넘으면 이제는 재물에 대한 탐욕의 시작이 되니 재물 모으는 것을 경계해야 한다(戒世之財)' 고 나와 있다.

즉, 나이가 들수록 돈 맛을 알수록 돈 모으는 재미를 알수록, 돈을 더 많이 모으려는 욕심을 버리지 못한다는 것이다. 왜 이렇게 더 많이 가질수록, 나이가 들수록 욕심이 많아지는 걸까? 아마 그것은 본능일 것이고, 그 본능을 통제할 수 있는 교육을 받지 못했기 때문이 아닐까 싶다.

부모에게서 돈에 대한 교육을 제대로 받거나 부모가 제대로 돈을 쓰고 모으는 과정을 보았다면, 돈에 대한 욕심에 사로잡히지 않게 된다. 자식들이 유산을 두고 서로 싸우는 것을 직접 보거나 전해 들어도 돈에 대한 욕심에 매이지는 않을 것이다.

부자인 부모가 아주 심한 구두쇠이고 돈에 벌벌 떠는 사람이라면 아마 자식 또한 그대로 따라할 것이다. 반면, 부모가 돈이 없으면서도 남에게 베풀고 나누는 모습을 본 자녀는 돈에 집착하여 인생을 허무하게 살지는 않을 것이다.

내가 아는 사람 가운데 모 병원 외과과장인 이 박사가 있다. 아버지는 전문직 종사자였고, 어머니는 남편의 수입으로 명동에서 사채업을 하였다. 어머니가 안방에 큼직한 금고를 두고 사채업을 하면서 단 한 푼이라도 떼이지 않기 위해 혈투를 벌였다.

이 박사는 그런 모습을 어렸을 때부터 보아왔다. 그리고 돈이 얼마나 중요한 것인지 너무나 자주 듣고 보아왔다. 어머니한테 용돈을 탈 때도 "이 돈이 어떻게 번 돈이냐. 부모가 피땀으로 번 돈이다. 아껴 써야 하고 절대 공짜란 없다는 것을 명심해라."라는 말을 자주 들었다.

세월이 흘러 이 박사는 전문의가 되어 병원에 취직하게 되었다.

그러자 주변에서 장가를 가라고 여자를 소개해 주었지만 이 박사는 거절했다. "결혼하면 여자에게 먹을 것, 입을 것을 사주어야 하고 생활비가 들어서 안 된다. 그리고 애라도 생기면 교육비, 양육비를 무시할 수 없을 텐데 그 돈이 아깝다."라고 생각하기 때문이다.

결국 나이 오십이 넘은 지금도 혼자서 살고 있다. 더 심한 것은 토요일이나 일요일에 당직근무를 하게 되면 평소 월급의 1.5배에서 2배를 받는다고 하여 모든 휴일의 당직은 이 박사가 맡는다.

이 박사의 빌딩 관리인은 임차인 가운데 누가 나가겠다고 하면 가슴이 저린단다. 그 이유는 단 하루라도 임대에 공백이 생기면, 이 박사의 모습이 불쌍해서 볼 수가 없기 때문이다. 하늘이 꺼져라 한숨을 푹푹 쉬며 금방 죽을 듯한 모습으로 초초해 한다는 것이다. 이 박사를 보면 돈이 많다고 해서 행복해지는 건 아니라는 생각이 든다.

부자가 되기 전에 부자를 준비하라

어떤 사람은 자신이 가난했을 때의 생활습관으로 인하여 부자가 된 이후에도 손가락질을 받는다. 이분은 이북에서 혈혈단신으로 남하했는데, 전쟁을 겪으면서 세상 밑바닥 일을 모두 경험했다.

그러다 보니 사람을 믿지 못하여 일단 의심하는 버릇이 있고 늘 다른 사람들의 눈치를 보곤 했다. 또 만약을 대비해 옷, 식량, 약품 등을 구비해 두고 산다. 자식은 결혼을 해도 일정한 범위 안에서 살아야 했다.

이분은 고철장사를 했는데, 강남일대에 땅을 사두었다가 엄청난 부자가 되었다. 하지만 아직도 고철장사를 하던 시절의 모습 그대로 살고 있다. 항상 고철을 주워야 하는 편한 복장을 해야 하기에, 기름이 묻고 때가 꼬질꼬질한 점퍼에 누더기가 된 바지를 입고 있다.

게다가 고무털신 같은 신을 신고 군밤장수가 쓰는 모자를 쓰고 다닌다. 승용차와 기사를 두어도 될 형편이지만, 물건을 배달할 때 쓰던 짐자전거가 아직도 유일한 교통수단이다.

하루는 이분이 종로구청에 이 자전거를 타고 들어가려다 수위의 제지를 받고 애를 먹었는데, 이 일을 오히려 자랑스러워했다.

점심은 국수 한 그릇으로 해결하고, 고기를 먹고 싶으면 시장에 들러 국밥을 말아 먹었다. 밥값이 아까워 한겨울에도 도시락을 싸고 다닌다. 그리고 이제껏 거래처이건 공무원이건 밥 한 끼 사본 적이 없다.

사는 곳을 가 보면 더욱 기가 찬다. 자식들은 아버지 덕에 큰집에서 살고 있는데, 이분은 아파트가 불편하다며 사무실 근처 상가 옥상의 누추한 방에서 살고 있다.

이분의 유일한 낙은 매달 임대소득이 들어오는 통장 잔고를 확인하는 것이다. 그 재미로 시간이 더 빨리 지나갔으면 좋겠다고 한다. 시간이 빨리 가면 자신의 생도 빨리 마감될 뿐인데 말이다.

어렵던 시절을 잊지 않고 절약하고 준비하는 것은 문제 될 게 없다. 하지만 상황이 바뀌었는데도 옛날대로 사는 것은, 애기 때 우유를 먹으며 살던 버릇을 어른이 되어도 유지하는 것과 같다.

여러분은 이 두 가지 사례를 읽고 "나는 저 정도는 아니야, 정말 정신 나간 사람이군." 하고 생각할지 모른다. 그러나 사람은 그 상황이 되어 보지 않고서는 누구도 장담할 수 없다.

나이가 들수록 돈이 많아질수록 자신의 인생관과 재물관을 그 상황에 맞게 바꾸어야 한다.

Check Point

경륜이라는 것은 경험과 연륜에서 배어나오는, 아무나 범접할 수 없는 카리스마와 온후한 모습 그리고 여유와 달관의 경지를 말한다. 나이가 들수록 물욕을 버리고 경륜을 가진 어른으로 자리매김하면서 후손들의 모범이 되며, 살아 있는 동안 재산을 멋있게 쓰고 가는 사람이 되는 것이 어떨까.

chapter ... 04

노후의 행복을 위해 지금 생각할 것들

젊어서 열심히 즐겁게 돈도 벌면서 아웅다웅 사는 것도 중요하지만, 나이 들어 인생을 어떻게 멋있게 잘 마무리하느냐가 훨씬 더 중요하다. 건물이나 예술품, 음식도 중간과정보다는 마무리를 잘 해야 가치가 올라간다.

열심히 살기 위해 노력하다 보면 어려운 때도 있고 창피한 때도 있다. 하지만 나이 들어서 남은 인생을 멋지게 마무리하면 인생이 전체적으로 멋스럽게 된다. 이렇게 중요한 마지막 인생을 위한 다섯 가지가 있다.

첫째가 건강이다. 시간과 건강은 돈으로 살 수 없다. 건강은 하루아침에 완성되지 않는다. 평소 꾸준한 운동과 지속적인 자기관리에서 얻어지는 소중한 열매이다. 젊어서 무조건 돈 되는 일에만 매달리지 말고 건강에 투자해야 한다.

나는 고기류는 거의 먹지 않으며 채소와 잡곡 특히 콩을 엄청 좋아한다. 소고기는 피해 다니며 돼지고기는 수육을 조금 먹는 정도이고 오리 훈제고기는 잘 먹는 편이다. 식당에 가면 풀 종류로 만든 반찬에 먼저 손이 가고 과일을 밥보다 더 많이 먹는다. 이처럼 건강을 위해 젊어서부터 운동을 하고 먹거리까지 조절한다면 나이 들어서도 여행이 가능하다.

평소에 건강관리를 하지 않는 사람이라면 다음과 같은 글을 마음에 깊이 새겨두어야 한다.

"명산을 오르려 하니 다리가 말을 듣지 않아 눈으로 입맛을 보고, 마음은 저 호수 가운데 멋들어진 누각에서 님과 함께 하고프나 몸은 십리 뒤에서 눈물만 보인다."

둘째, 배우자와 같은 이성이 있어야 한다. 나이가 들면 등도 가렵고 누군가에게 의지해야 하는 상황이 생긴다. 그러다 보면 자신을 가장 잘 알아주는 사람이 필요하다. 어느 정도 부끄러운 것도 이해해 줄 사이가 되어야 서로 기대고 편히 살 수 있다.

친구와는 달리 배우자나 이성에 대한 감정은 삶의 활력소가 될 수 있기에 나이가 들수록 필요하다. 그러니 지금부터라도 조금 더 배우자에게 사랑과 정성을 들이는 것이 행복한 노후를 준비하는 것임을 명심한다.

셋째, 적당한 재산이 있어야 한다. 동창이나 고향친구한테 연락이

와서 소주한잔 하자고 하는데 경제적 여유가 없어서 나가지 못한다는 것은 정말 불행하다. 더 괴로운 것은 나이가 들면 아픈 곳이 많아지는데, 치료비나 간병인을 둘 비용이 없는 경우다. 그러면 배우자나 본인의 치료를 제대로 못하고 그저 집안에서 가족에게 고통을 주게 된다.

그렇다면 노후의 재산은 어느 정도가 필요한가? 말 그대로 적당한 재산이 필요한 것이지, 엄청난 재산이 필요한 것이 아니다.

만약 엄청난 재산이 있다면 이는 오히려 더 큰 부담으로 남아 여생을 편안하게 보낼 수 없다. 돈이 많으면 근심도 늘어난다. 세금이 많이 나올까봐 걱정, 금리가 떨어지거나 주식값이 떨어져도 걱정, 죽어서 자식들이 싸울까봐 걱정, 온갖 걱정이 끊이지 않는다. 그 많은 재산을 두고 죽는다는 것이 원통하다는 생각도 든다. 그러고 보면 정말 재산은 적당하게만 있으면 된다.

한편 재산은 부부가 공동으로 하거나 적당한 비율로 분배해 두는 것이 좋다. 일반적으로 남자는 65%, 여자는 35%로 재산을 분배해 두면 세금 측면에서도 좋다.

아파트 입구에서 나물 파는 어머니

넷째, 할 일이 있어야 한다. 매일 놀기만 한다면 지루하고 시간이 정말 더디게 간다. 젊어서는 자녀를 부양하고 자신의 노후를 준비하느라 쉬기 어렵지만, 노후에는 오히려 적당한 일거리가 있어야 삶의 활력을 느낄 수 있다. 공무원이나 교사 가운데 퇴직한 지 얼마 되지 않아 사망하시는 분들이 종종 있다. 이분들에게 사회에서 할 일이 있었다면 의미 있는 시간을 보내면서 더 오래 살았을지도 모른다.

시골에서 전원생활을 하는 것도 좋은데, 조그만 텃밭을 가꾸면서 시간을 보내면 된다. 도시에서는 자원봉사 동아리에 가입해 동네에서 쓰레기를 줍거나 청소도 하고 학교 앞에서 교통정리를 할 수도 있다. 자신의 특기로 사회활동을 해도 사는 보람을 찾을 수 있다. 나이 든 부모가 계시다면 이러한 일들을 권할 필요가 있다.

내가 공무원 임대 아파트에서 잠시 거주할 때, 어머니가 심심하다며 산과 들에서 나물을 채취하여 아파트 입구에서 팔고 계셨다. 처음에는 창피하게 왜 그러냐고 하면서 어머니의 팔을 잡아끌고 집에 들어왔지만 그 일을 막을 수는 없었다. 생각해 보니 그것은 어머니의 취미활동인데, 아들이 창피하다는 이유로 그런 즐거움을 뺏을 권리는 없다는 생각이 들었다.

그래서 나는 생각 끝에 주변 공무원들에게 어머니의 나물을 사달라고 선전하는 영업사원이 되었다. 어머니가 좀 더 일찍 나물을 팔면 고생이 덜할 것 같았기 때문이다.

그 결과 어머니는 보다 빨리 나물을 팔고 돈도 벌어 너무 즐거워하셨다. 사람은 누구든지 사는 보람과 존재의 가치를 느끼고 싶어

하기에 노후에도 할 일이 필요하다.

다섯째, 우정을 함께 할 친구가 있어야 한다. 배우자와는 별도로 인생의 동반자가 되는 친구의 가치는 나이가 들면서 더욱 그 빛을 발한다. 친구 또한 하루아침에 만들어지지 않는다. 마음을 통할 수 있는 충분한 시간이 필요하기 때문이다. 그래서 젊어서부터 친구 관리를 잘 해야 한다는 것이다.

각 성장단계마다 친구와 아는 사람이 생기게 되는데, 이때 서로에게 믿음과 희망을 주어야 한다. 친구는 젊어서부터 많은 시간을 함께 해야 나이 들어도 속에 있는 얘기를 다 꺼내놓을 수 있는 관계가 된다. 좋은 친구는 인생의 황금과 같은 존재다.

Check Point

인생의 노후를 행복하게 하는 필수요소 다섯 가지에 자녀는 없다. 그 이유는 자녀는 키우는 재미와 잘 사는 것을 보는 재미이지, 그들이 부모의 행복을 만들어 주는 것은 아니기 때문이다.
성공한 인생이고 행복한 노후가 되기 위해서는 부모가 자녀에게 짐이 되지 않아야 한다. 자녀는 내가 노후에 행복하게 사는 데 절대적 위치를 차지하는 것이 아니므로 자녀에게 노후를 기대하지 말고 자기 스스로 노후를 준비해야 한다.

chapter...05

돈에 매이면 더 이상 부자가 아니다

중국의 어느 왕이 병사 두 명에게 제안했다.

"동이 트고 해가 질 때까지 달리면서 표시한 땅을 너희에게 하사하겠노라. 대신 반드시 이곳까지 돌아와야 한다."

병사 두 명은 동이 트자 한 평이라도 더 많이 차지하기 위해 내달리기 시작했다. 한 병사는 조금이라도 더 넓은 땅을 차지하기 위해 너무 멀리 간 탓에 해가 질 때까지 돌아오지 못해 자격을 박탈 당했다. 다른 한 병사는 시간에 맞추어 돌아왔으나 너무 지쳐서 도착하자마자 숨을 거두었다고 한다.

이들은 욕심이 과한 것이 아니고 참으로 멍청했다. 그 많은 것이 있다고 해도 다 쓸 수도 없는데, 필요 이상으로 많이 가지기 위해 아까운 목숨을 버리거나 자격을 잃는 어리석음을 범한 것이다. 돈이 아무리 많은들 그것을 다 쓰고 죽거나 혹은 죽을 때 가져가는 것은 아니지 않은가. 그런데도 영원히 살 것처럼 더 많이 모으기에 열을 올리고 있으니, 저 위에 신이 있다면 정말로 한심하다고 할 것이다.

모으는 데 열을 올리는 사람보다 더 멍청한 사람이 있으니, 바로 모으기는 했으나 쓰지도 못하고 죽는 사람이다. 돈을 모으면서 쓰기라도 했으면 돈 모으는 데 보낸 시간과 정성이 억울하지는 않을 텐데, 모으는 데 온 정성을 쏟아붓고는 정작 하나도 쓰지 못하고 죽는다면 이는 가장 어리석다고 할 수 있다.

모 재벌의 장례식에서 정말 웃지 못할 일이 있었다. 보통 염을 하게 되면 가시는 분의 노잣돈을 드리는 것이 상례이다. 그런데 "상주께서는 가시는 길에 쓰시라고 노잣돈을 주세요."라는 말에 상주들이 내놓은 것은 모두 수표와 지전이었다. 그런데 노잣돈은 보통 동전을 사용한다. 결국 회사 관계자가 급히 나가서 동전으로 1,500원을 구해왔고 가시는 길에 넣어 드렸다.

그 재벌은 마지막 가는 길에 1,500원이 없어 다른 사람으로부터 적선을 받아 가야만 했다. 결국은 '공수래 공수거'란 말이 정확한 표현이 아닌가 싶다.

우리는 각자 깊이 생각해 보아야 한다. 돈을 아끼다가 진짜 써야 할 곳에 쓰지 않고 넘어가서 후회한 일은 없었는지 말이다. 친구들 혹은 직장동료들과 식사나 술 한잔하러 가서 돈 내기가 부담스럽다는 이유로, 가장 늦게 나오면서 화장실로 가거나 술 취한 척하여 자리를 피한 적은 없는가.

돈이란 쓰기 위해서 버는 것이다. 모으기 위해서 버는 것이 절대 아니다. 모으기 위해 돈을 번다면 돈이 무슨 소용이 있겠는가. 돈은 돌아야 돈이고 써야 돈이 된다는 건 누구나 다 안다. 그러나 돈이란 것은 워낙 지체가 높은 분이기에 함부로 다루거나 막 쓰게 되면 그 가치가 떨어진다. 더불어 그 돈을 막 쓰는 사람도 가치가 떨어지게 되니 돈의 위상과 자신의 위상이 잘 맞도록 쓰는 요령을 터득해야 한다.

10억 원을 가진 사람과 1억 원을 가진 사람을 객관적으로 비교하면 상식적으로 10억 원을 가진 사람이 훨씬 더 큰 부자임에는 틀림없다.

그런데 두 사람이 죽고 난 후 남은 재산을 보니, 10억 재산가는 그대로 10억 원이 있었고, 1억 재산가는 남은 것이 고작 1천만 원이었다면 누가 더 부자였을까?

답은 1억 재산가가 더 부자다. 그 이유는 10억 재산가는 돈을 한 푼도 쓰지 못했으니 결국 자신은 단 한 푼도 없었던 거지와 같았고, 1억 재산가는 9천만 원이나 쓰고 죽었으니 그만한 부를 누린 부자인 것이다.

돈의 주인으로 살 것인가, 관리자로 살 것인가

나는 부자와 만나는 일로 업무를 시작하여 부자와 만나는 일로 업무를 끝낸다. 그렇게 많은 부자를 만나다 보면 참으로 안타까운 것이 있는데, 자신이 부자이면서도 부자처럼 생각하거나 살지 못하는 것이다. 돈을 누리기보다는 돈을 지키는 데 매여 있다. 즉, 돈이 어디 도망이라도 갈까, 누가 빼앗아 갈까, 금융상품에서 손해라도 보지 않을까 노심초사 하면서 이불 속에 꼭꼭 감추어 둔다. 그런 사람은 돈을 지키는 보초일 뿐이다.

돈의 관리자로서 살 거라면 차라리 한국은행에 취직해서 돈을 지키는 사람이 되는 것이 행복하게 사는 길이다. 돈을 버는 이유는 앞에서도 말했듯이 쓰기 위해서이다. 살아있는 동안 자기 돈의 주인 노릇을 하는 것이다. 그저 돈을 관리하는 사람으로 살 것인지, 돈의 주인으로 살 것인지 확실히 결정하고 돈을 대해야 돈 앞에 당당할 수 있다.

삶에서 가장 중요한 것은 어제도 내일도 아닌 바로 오늘이다. 오늘이야말로 어제 죽은 사람이 그토록 살고 싶어 했던 내일이 아닌가. 내일을 위해 오늘을 희생하지 말고, 과거의 집착으로 오늘을 망치지 않는 현명한 행동이 필요하다. 오늘 이 순간은 나에게 두 번 다시 오지 않는, 인생에 단 한 번뿐인 순간이다. 그 순간을 위해 놀기도 하고 일하기도 하고 공부도 하는 게 아니겠는가.

혹시 여러분은 어떤 것을 아낀다고 꼭꼭 감추어 두었다가 못 찾거나 썩어서 버린 기억이 없는가? 가끔씩 어르신들이 예쁜 그릇을 사서 깨질까봐 찬장 구석에 놔두고는 사용하지 않다가, 세월이 흘러 유행이 가고 더 좋은 물건이 나오고 다른 선물도 들어와 쓰지 않고 버리는 것을 본 적이 있다. 재테크의 목적은 내일 잘 사는 것이 아니라 바로 오늘 잘먹고 잘사는 것이다.

나는 돈을 펑펑 쓰는 사람이 절대 못 된다. 그렇다고 돈을 쓰지 않는 구두쇠는 더더욱 아니다. 나 자신이 정해 놓은 범주에서는 아주 즐겁게 돈을 쓴다.

특히 여행이나 스포츠 그리고 사람을 만나는 데는 아낌없이 돈을 쓴다. 건강에도 많이 투자하는 편이다. 돈은 많으면 좋고 적당히 있으면 그다지 큰 문제가 없는 생활필수품일 뿐이다.

Check Point

부자라는 것은 자신의 마음에서 시작된다. 정신적으로 그리고 물질적으로 모두 부자라면 환상적이지만, 물질적으로 부자가 아니더라도 삼시세끼 굶을 일만 없다면 그리 불행하지 않다. 오히려 사랑하는 사람들과의 관계에서 행복을 느끼고 있다면 물질적인 부자보다 더 행복하다. 사랑하는 가족은 돈보다 여러분을 더 원할지 모른다.

만약 사랑하는 이가 돈이 없어도 당신만 있으면 행복하다고 한다면, 진정 당신은 행복한 부자이다.

100억대 멘토의 조언 10가지

1. 당신이 원하는 부자의 모습을 결정하라

부자가 되겠다는 생각은 그저 막연한 꿈과 같은 것이다. 그러니 얼마나 벌고 어떤 모습으로 사는 사람이 부자인지 처음부터 분명하게 마음속에 그려 두어야 한다. 그래야 어느 정도 벌면 부자가 될지 감도 잡히고, 실제로 부자가 될 수도 있다.

왜 부자가 되려 하는지, 얼마를 벌면 만족할 것인지, 어떤 모습의 부자로 살 것인지를 미리 생각해 두지 않는다면 돈을 많이 벌어도 만족할 수 없을 것이다.

2. 인맥을 소중히 여겨라

돈의 가치는 사람 사이에서 드러난다. 무인도에서는 아무런 의미도 없는 것이다. 돈은 관계 속에서 생기고 그 관계 속에서 가치를 발한다. 다시 말해서 사람과의 관계를 소중하게 생각하고 널리 인맥을 맺어둔다면, 그만큼 부도 따라오게 된다. 혼자서 돈 버는 방법을 익히는 것보다 관계를 통해 배울 수 있다면 보다 빨리 부자가 될 수 있는 것이다.

3. 돈 없을 때 돈 관리를 시작하라

돈을 모은다는 것은 돈이 흩어지지 않도록 튼튼한 벽을 세우는 것과 같다. 이 벽을 잘 세우는 사람이 돈을 쌓아나가 결국 부자가 된다. 이러한 벽을 세우는 것은 돈이 없을 때부터 시작해야 한다. 미리 든든하게 장벽 세우는 법을 익혀야 하는 것이다.

이 장벽 가운데 하나가 3 · 3 · 4전법이다. 수입이 들어오면 현재 생활을 위해 4할을, 가까운 미래를 위해 3할을, 노후를 위해 3할을 배분하는 것이다. 이와 같은 장벽을 고수하기가 쉽지 않지만, 어떻게든 지키다 보면 나중에는 부를 가득 담는 든든한 버팀목이 되어 있는 것을 발견할 것이다.

4. 돈의 흐름을 놓치지 말라

모든 사람이 돈을 원한다. 돈이 있는 곳이라는 소문이 돌면 다들 그곳으로 몰려든다. 하지만 그 많은 사람과 수익을 나누면 별로 가

질 게 없다. 돈의 흐름을 모든 사람이 알기 전에 미리 파악할 수 있는 능력이 필요한 것이다. 남들보다 한발 앞서서 돈이 흘러가는 방향을 예민하게 느끼고 있어야 한다.

그렇게 하기 위해 여러 사람을 만나고 전문가를 만나고 많은 정보를 수집해야 한다. 그리고 때를 놓치지 않고 과감하게 투자하여 이익을 취하는 것이다. 진정 부자가 되기를 꿈꾼다면 돈이 흐르는 방향을 알기 위해 공부하고 그 흐름을 놓치지 말아야 한다.

5. 집중하라

부자가 되기 위해 세상의 모든 것을 알 필요는 없다. 다만 하나라도 확실하게 알면 된다. 주식이든, 부동산이든, 채권이든 깊이 파고들어라. 그리고 그 안에서도 당신이 노리는 부분을 정하고 더욱더 깊이 연구해야 한다.

숲을 보되 당신이 투자할 부분은 좁고 깊게 파고들어야 한다. 모든 것에 욕심을 부리면 정작 투자할 시기를 놓쳐 아무것도 얻지 못하게 된다.

6. 정보의 가치를 인정하고 충분히 보상하라

정보가 곧 돈이 된다. 물고기 떼가 어느 곳에 있는지 알고 있다면,

만선의 꿈은 더 이상 꿈이 아닌 것이다. 그런 소중한 정보에 대해서는 그 가치를 충분히 인정하라. 그러면 사람들은 당신에게 먼저 그런 정보를 제공하고자 할 것이다.

반대로 당신이 그런 정보를 제공할 때는 그 가치를 요구할 수도 있다. 그러면 돈이 없을 때, 정보로 수익을 낼 수도 있다. 요컨대 가치 있는 정보를 주고받되 그 가치에 대한 보상을 가볍게 여기지 말아야 한다.

7. 당신이 속한 분야에서 최고를 지향하라

부자들을 만나 보면 자기가 돈을 번 분야에서는 정말 놀라울 정도로 탁월한 식견을 보인다. 그래서 그들은 부자가 된 것이다. 자기가 몸담은 분야에서만큼은 최고를 지향해야 한다.

당장 최고가 될 수 없다 해도 끊임없이 노력해야 한다. 그리하면 자신의 활동범위를 보다 확장할 수 있는 기회가 생긴다. 적당히 알면서 확장하면 이도저도 아니지만, 최고가 되어 확장하면 엄청난 시너지 효과를 볼 수 있는 것이다.

8. 고정관념에서 벗어나라

보통 사람들이 부자가 되지 못하는 이유 중 하나는 고정관념에서 벗어나지 못하기 때문이다. 어떤 일이 되고 안 되고는 실제로 해봐야 알 수 있다. 남들이 하지 말라고 해서, 다들 안 된다고 하니까, 해본 사람이 없으니까, 당신도 하지 않으려 한다면 정작 할 만한 것은 별로 없다.

빚지는 걸 무턱대고 꺼리거나, 투자를 두려워한다면 돈을 벌 수 없다. 남들이 하는 말은 일단 접어 두어라. 사실 남들은 당신이 부자가 되기를 원하지 않는다. 남들이 하는 말을 따라가면 남들처럼 평범하게 살게 될 뿐이다.

9. 돈의 관리자가 아니라 주인으로 살아라

내가 수많은 부자들을 만나면서 절실히 느낀 것 가운데 하나는, 돈이 행복을 만들어 주는 건 아니라는 점이다. 사람들은 무턱대고 돈만 많이 벌면 행복해질 것이라고 생각한다. 하지만 오히려 그 돈이 그나마 있던 행복마저 망가뜨리는 것을 많이 보았다. 그것은 돈의 주인이 되지 못하고 관리자로 살기 때문이다.

돈을 지배하지 못하면, 그 돈 때문에 가족을 잃고 사람을 잃고 결국 행복마저 잃게 된다. 과연 자신이 돈을 지배하는 사람인지 냉정하게 생각해 보아야 한다.

10. 노후를 준비하라

말년이 행복한 삶이 성공한 삶이다. 젊은 시절 아무리 돈을 많이 벌었다 해도 노년이 초라하다면 소용이 없다. 젊어서 고생해도 노후가 편안하다면 지난 고생이 즐거운 기억이 되기 마련이다. 부자가 되고자 하는 것 역시 지금은 물론 노후를 편하게 보내기 위한 것이다.

당장 큰 재산을 모으려는 생각보다 노후에 경제적인 안정을 찾겠다는 목표로 차근차근 준비하면 보다 빨리 부자가 될 수 있다. 또한 중간에 힘들다고 쉽게 포기하지도 않는다.